一家基金会
理事会的故事

使命与治理

USE YOUR
Mission

HOW TO RUN A PRIVATE FOUNDATION WITH
MISSION-DRIVEN GOVERNANCE

李 光　黄英男　著

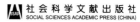
社会科学文献出版社
SOCIAL SCIENCES ACADEMIC PRESS (CHINA)

目 录

序 一

　　在构建现代化文明的大历史竞争中，每个民族国家都自觉或不自觉地进入了这个赛道，每个人都自觉或不自觉地卷入了这场个体现代性转型的生命体验之中。尽管人类对于现代性和现代化这样的概念定义依然如盲人摸象般争论不休，但一个民族国家现代化转型是经济、社会与政治的全面、系统转型的认识则是具有最大公约数的。尽管人们都偏爱经济数据衡量的现代化转型，但事实上政治现代化转型的历史考验无法回避，许多民族国家宏大的经济现代化构想叙事，最终都跌倒在政治现代化转型失败这个魔咒般的历史门槛上。而社会的现代性转型，则是一个相当被忽视与误解的社会深层变革。因为这涉及参与其中的国民对个体平等自由权的理解深度，由此生发对公平正义的诉求，在多大程度上与自己成长的民族文化语境及历史惯性相和解且协调，并在社会进程中透过公益动机推动的联结与自治，来涵养人的现代性和公益自治能力，并渗透至社会的基底细胞中，成为最为坚固的促进社会乃至政治现代化转型的慢变量。这对于培育社会乃至重大历史关头的公共选择生发机制，的确意义重大且意味深长。这种慢变量的社会积累对于社会乃至政治现代化转型，虽然慢，却坚固而稳妥。因此，那种仅将公益的着眼点放到扶贫助孤等事项上的格局，未免过于局限了，在这种格局上讨论公益，与农耕文明时代中国唐朝生发的"悲田养病坊"，没有什么本质上的不同。

中国改革开放以来的公益经历了两个阶段试探，即自上而下的垂直化组织系统整合与民间横向的组织化整合。2004 年《基金会管理条例》的颁布，是这两个探索阶段划分的重要节点。因为正是在这一管理条例规定下，私力被允许入界公益，通过合法设立非公募基金会，经营慈善型公共事务，聚合社会公共关切，实行社会公共倡导，滋养通过横向合作以实现公共事务社会自治的社会建设参与者。"南都基金会"便是在这一历史背景下由周庆治、何伟、徐永光等人横向合作而构建的社会新公益自治组织。周庆治和徐永光都是成长于 20 世纪 50 年代并经历了历史沧桑的一代人杰，周庆治经商成功后欲将财富投入公益以实现自己的社会理想，徐永光成功创立希望工程后欲退出"垂直整合"的官办基金会去创办引领"横向整合"的民办基金会，此乃时势造就的大事因缘，可谓得其所哉。

但要看到的是，南都基金会的探索之路，并无完全成功的中国式公益社会自治范式为依循，除了胸中的热血与头脑中的理想，还是热血与理想。这便是南都基金会在建构过程中面临的现实挑战。世上本无路，但拓荒者凭勇气与信心从旷野和荆棘中涉足，便留下了足迹，后来走的人多了，便成了路。徐永光、周庆治、何伟、康晓光、程玉、黄传会、王海光、林旦、杨晓光、杨岳、刘忠祥、朱卫国、陆建桥、何进、白岩松，以及赵亦斓、陈博、杨懿梅、刘洲鸿、彭艳妮等人，便是南都基金会这个非公募基金会创建并塑型的拓荒者。他们仰望星空、胸怀理想而立足地土，在理事会、监事会和秘书处分权并相互制约的治理结构中扮演着不同的角色，尝试着去构建权力制衡机制，以及于决策有序性与执行有效性之间的平衡机制。这不仅需要一群成功人士克服在同一公共空间内，为达成理性温和的对话以解决分歧并取得公益共识过程中不可避免存在的文化抗性，而且还要克服因人生阅历不同所带来的解构问题角度与方法的超强个性张力。

实践证明，南都基金会在横向整合的公益社会自治机制的搭建方面是顽强而成功的。当然，并非南都基金会天空的每一片晚霞都是金色且灿烂的，相反，拓荒者前行的每一步都要穿越自己和他者共同制造的重重迷雾，还需克服环境带来的巨大阻力与不可预测的时艰。从一开始雄心壮志、企图仿制另一个"希望工程"的"新公民学校计划"，到汶川大地震后及时响应行业紧急需求而无意插柳柳成荫的"银杏伙伴计划"，再到"银杏伙伴计划"的放飞与"景行计划"的战略转型，最后到"好公益平台"的战略构想与规划执行，南都基金会的理事们都真正志愿且充分投入了自己的时间，真正履行自己在这个公益机构的决策职能，因此，不同意见的充分表达，理事之间以及理事会与执行团队之间的激烈争辩一直伴随着这个机构的成长。

南都基金会的案例证明：即使在一个具有强大垂直整合能量场的社会中，只要是基于个体间正确公益发心的横向联结，只要坚守社会自治的共识规范，允许不同的思考与言说相共存，就能通过程序正义产生优选的决策与有序化的治理，从而使横向整合生发的社会自治成为可能。

南都基金会的案例还向我们昭示，在每一个社会自治组织的创生与发育过程中，那些担任关键性角色的领袖人物的定力、远见、智慧与修养是多么重要。周庆治先生与我是同时代人，早年迷醉于自上而下的改革，后下海经商，商业成功后入界公益，发心纯正且目标高远，富有经营智慧与试错包容心，从而成为南都成长道路上的一个重要引领者。康晓光先生曾是我就职中国扶贫基金会20年间的外脑之一，使我获益良多。他参与过中国扶贫基金会很多重要决策。他坚持公益原则且敢说敢批，富有胆识且接地气，是知识分子中坚定走知行合一之路的一族，因此他成为南都公益基金会成长道路上具有关键作用的重要理事，是他生命内在的应然逻辑的外在铺陈。徐永光先生是公益界最有影响力的人，我就职中国扶贫基金会期间在公益基金会的公共空间构建上追随他十数年，从行业自律到公共倡导再到基金会中心网的行业信息披露，大事投缘，相濡以沫，虽处同行各负其责但不计利害，共谋壮举而从未相疑。永光先生在青基会发展的高光时刻断然急流勇退，在中华慈善总会的体制革新尝试中知难而退，迅速与周庆治先生合作创立非公募基金会，实属二次创业，其胆识与远见非常人所能及也。在南都基金会创业与成长过程中，永光先生激情不减当年，亲任秘书长勇往直前，但仍能接受理事会的权力制衡，包容理事会的激烈批评，从谏如流承认失误并乐于改进，从而使南都基金会理事及领导层的内部个性张力始终被统合在其公益使命中，其胸怀和雅量非常人所能及也。因此永光先生依然是南都基金会创业和成长中的灵魂人物。

上述所言，都是我的一孔之见，恐贻笑于大方。摆在诸位面前的这本《使命与治理》，会给你带来更深层的冲击与特别感受。愿我们的新生代能够从中吸取力量。

何道峰

资深公益人、中国扶贫基金会^①前执行会长

2022 年 4 月 17 日

---

① "中国扶贫基金会"在 2022 年 6 月更名为"中国乡村发展基金会"。

序 二

———

2017 年 4 月的一个下午，李光发给我一条信息："我在写南都治理的书稿，你要不要一起写？"

"哟！好啊！"我答。

多年前，我跟李光同为记者，都关注公益领域。在中国公益行业中，南都公益基金会*是旗帜般的存在。而抛开工作需求，仅从个人角度，我跟李光多年来也对南都公益基金会保持着持续的兴趣和关注。

时间退回到 2010 年，时为记者的我在北大一个会议上听到一场关于公益信息透明的演讲，演讲人看起来 50 多岁，个子不高，神采飞扬，演讲中，一串串数据信手拈来，一个个故事形象生动。公益，这个对普通人既熟悉又陌生的领域在他的演讲中生动起来，听入神的我在演讲结束后举手提问，他的回答流利清晰。会后，我找到这位演讲人递上名片，随后要他的联系方式，他笑眯眯地从眼镜上方看着名片

———

* 出于行文方便和不同情境的表达考虑，"南都公益基金会""南都基金会""南都"，此类机构称呼在本书中将混用。

读出我的名字，然后坐下来拿出一张纸，手写：南都公益基金会徐永光，后面是一个手机号。

回到家打开电脑，我上网输入"徐永光"三个字，看到搜索结果，顿时无比惭愧汗颜，原来，已年过六旬的他正是声名赫赫的"希望工程"创始人。而我，作为一个记者，居然直到此刻才知道。

从这天起，我开始对公益领域有了浓厚的兴趣。

十几年前，对于不少关注公益行业的媒体人来说，南都公益基金会高调又神秘，高调在于其项目模式和倡导理念的引领性，神秘在于即使是媒体人，也少有人了解基金会的背后出资人。

2017年，南都公益基金会成立10周年，在李光受邀后我也加入其中，共同合写一本关于基金会十年治理历程的书。

提笔之前，我们讨论的第一个问题就是：我们要写什么？作为中国民间公益的先行者，南都公益基金会是中国第一批由民间企业家捐资成立并亲自参与管理的公益机构。但当一群已被某种社会评价贴上"成功"标签的人走到一起、为了一个共同的理想重新出发时，却不期在新理想启航后一次次陷入意外的迷茫和困境，也正是在这样的时刻，他们身上的另一种"领导力"开始真正显现，那是一种回归内心誓言的强大直觉与力量。在这种力量的引导下，现实的困境、环境的变化、际遇的无常，都被一一化解和抵御。

回顾南都历程，如果不同阶段的挑战、矛盾甚至冲突让这个过程充满跌宕起伏的故事性，我们力图分享的，则是理事会成员在这个过程中始终秉持初心的坚定、智慧与勇气。

这也让我们想到，今天，无论是社会组织还是商业机构，当陷入看似错综复杂、进退失据的迷局中时，最终的解决之道未必一定是向前探索，回望来处或许也可以柳暗花明。

写书过程中，我们密集采访了诸多人士，最令我们印象深刻甚至颇感意外的是，无论是南都公益基金会的理事会成员，还是现任和前任基金会工作人员，在谈起南都的发展时，都毫不回避机构曾遭遇的挫折、失败、迷茫，甚至内部纷争。"南都人"似乎有一种善于自省的共识与默契。

写书时，我们还讨论过另一个问题：这本书的读者应该是谁？公益行业，还是更普遍的受众？

在思考这个问题时，我不由想到自己以往每到机场总会逛一下书店，每每看到堆砌如山的企业成功学书籍时，都会冒出一个念头：如果有一本公益机构"成功学"的书，会有多少人看？

我们希望，这本书可以为我的这个问题找到答案。

作为一本记录南都十年的书，我们不意延期至今方才收笔。其间原因种种，但坚持写下来的理由，一方面源于基金会的信任与支持，另一方面，也因我们自己无法割舍。

这本书改到最后一稿时，时间已进入 2020 年，而因新冠肺炎疫情影响等原因，待到确认出版时，又过了两年时间。此时，距离我们写"南都十年"已经整整过去了近五年时间，南都公益基金会的理事会又有了新的变化，康晓光卸任了连续担任三届的理事职务，在中国扶贫政策与实践、乡村建设实践领域享有盛誉的中国农业大学教授李小云成为第四届理事会成员，南都基金会也完成了第四次战略规划……

伴随着新冠肺炎疫情在全球肆虐，人类陷入数百年未遇的动荡不安中，个人与集体、自由与约束、隔绝与包容这些并不新鲜的话题在这期间不断重新叩问我们的内心。也正是在这样的时刻，我经常想到曾采访的这群人，不知道他们在这样一个关键的时间节点又将如何定义南都的下一个十年。

当年，徐永光说服出资人周庆治将基金会冠名"南都"，理由是"一百年后，南都集团可能不在了，但南都公益基金会一定会做成百年老店"！

黄英男

2022 年 3 月 6 日于北京

前 言

————

2017 年 5 月 19 日，68 岁的徐永光站在南都公益基金会十周年答谢会的舞台上，身后电影院银幕般大小的幕布上显示着基金会第一届理事会成员的巨幅照片，将这位身形并不瘦弱的"中国公益第一人"映衬得格外渺小。在台下主持人不断提醒时间不够的催促中，徐永光坚持向与会人员逐一介绍历任理事和监事：

"康晓光，让人又爱又恨，他总能把南都基金会闹得鸡犬不宁。有一次，康晓光因为某个事情跟我发生分歧，要辞职不干了，结果是，我站起来向康晓光鞠躬道歉，以此挽留康晓光。"

"黄传会，《希望工程纪实》的作者，部队将军，这么多年，始终把否定掉徐永光的某个提议，作为他做南都基金会理事的价值体现。"

"林旦，对南都基金会从来没有满意过，基金会第二次做战略规划时访谈到林旦，他给秘书长徐永光打了个不及格……"

"白岩松，媒体的头牌人物……"

作为南都基金会曾经的秘书长和后来的理事长①，徐永光感叹做南都不易，旁人大多不解——你都做了那么多年大公募基金会领导，到了南都基金会又不用募款，你还有什么不易的？徐永光说："做需要筹款的公募基金会易，做不用筹款的私人基金会难。因为前者是基金会指挥捐款人，只要你认真做，不忽悠人，捐款人多半是听你的；后者，出资人很强势，你不好混。"他甚至直言名誉理事长周庆治的"决策力"在自己之上。

前任秘书长刘洲鸿也在感谢会上感慨，"在南都基金会的时候觉得一切都很正常，没什么，直到2014年离开之后，才感觉到南都是一个多么好的机构"，引起台下一片笑声。刘洲鸿特意补充说，"这是由衷的"，"南都基金会真的'很奇葩'"。

徐永光之所以说"不好混"，刘洲鸿之所以觉得南都"很奇葩"，说到底，是因为南都有一个"爱较真"的理事会。

对于中国大多数公益机构而言，理事会在机构治理中的作用并不尽如人意，或流于形式，或臃肿庞大，或过分依靠个人魅力，或过于体现官方意志，不一而足。徐永光曾用自己掌舵的中国青少年发展基金会举例说："中国青基会理事会人数最多时超过了200人，无法真正议事和决策，也不可能对机构发展承担风险和责任。"

对机构治理有着切肤之痛的徐永光，在南都创办之初便决意要蹚

---

① 除特殊说明，本书中受访者职务均以2018年底为准。

出一条机构治理的新路。自 2007 年以来，南都基金会从投资于公益项目的"新公民计划"，到投资于公益人才的"银杏伙伴计划"，再到投资于公益机构影响力提升的"景行计划"，直至投资于优秀公益产品规模化、与十几家行业领军机构联合共建"中国好公益平台"，看似步步升级的慈善投资背后，实则有教训、分歧、博弈，更有反思、真诚、信念。

用徐永光自己的话说："南都最大的价值就在于形成了一个治理能力强大的理事会——秉持高度一致的价值观和使命感、着眼行业发展的格局和战略眼光、注重资金投入的杠杆作用和效率。"

徐永光口中那个"治理能力强大"的理事会到底是什么样的？是否如他所说的那样独特？理事会与作为执行团队的秘书处关系如何？战略规划在机构治理与发展的过程中能够发挥什么样的作用？带着这些好奇，我们访谈了多位南都理事和监事，也旁听了几次理事会的讨论，并查阅了南都理事会的历次会议速记，试图还原南都理事会如何通过有效治理来塑造这个一直以"支持民间公益"为使命的中国民办基金会。

第一章

南都前传

殊途同归的发起人

2018年7月19~20日，南都公益基金会第三届理事会第九次会议在杭州召开。会议期间，秘书处安排理事们走访基金会支持的杭州附近的几个公益项目。

乘大巴车前往项目点途中，坐在前排的徐永光不顾众人劝阻，转身背靠前排座位站起身，一手紧握话筒，一手按住面前座位的靠背，兴致勃勃地向大家讲起多年前的一段段往事：

"当年，庆治因为不看好房地产业在未来几年的发展，而且觉得做房地产和自己的社会理想有所冲突，所以将房地产卖给万科，有了钱才来干公益，这正是南都基金会的由来。"

"想当年北京房价五千时，庆治劝我买房，他说因为'以后北京的房价要涨到均价两万的'，可惜当时为了省钱，筹建南都办公室时只买了180平（方）米，早知道应该买下360平（方米）。"

"1990 年代中国青少年发展基金会^① 投资在杭州注册了一家房地产公司，但因用人不察，差点出事，幸亏及时发现，马上撤资并注销公司，才避免了一场灾祸。不过资产还是增值了的……"

就在这时，隔着一个过道的程玉伸手抢过永光手中的话筒，边笑边说："你选人选错了！你选人选错了！还说自己没错！"车里的其他人也跟着哈哈大笑起来。

当时一同坐在车里的我们并不清楚此中有深意，直到后来随着采访的深入，才明白程玉的弦外之音和众人的会心一笑。要解释清楚这背后的故事，需要回归到南都基金会成立后的第一个公益项目——新公民计划。而这，又要从"希望工程"的创始人离开中国青少年发展基金会说起。

---

① 徐永光当时担任中国青少年发展基金会秘书长。

"非公募基金会肩负着第三部门的希望"

你或许不知道徐永光,但由他一手发起的一个公益项目在中国几乎无人不晓,那就是让无数贫困儿童重返课堂的"希望工程"。徐也因此被很多媒体称为"中国公益第一人"。

与共和国同龄的徐永光幼年生活贫寒,经历"文革"的动荡后投身军营,退伍后在温州邮电局做汽车修理工,1978 年被选调赴京参加共青团第十次代表大会后留在团中央工作,1986 年任团中央组织部部长。从干事到正局级,他仅用了 8 年。就在外人认为他的政治前途一片大好之时,他却在 1988 年共青团十二大甫一结束提出辞职。

多年后,徐永光回忆道:"当时改革气氛很浓,我提出许多共青团体制改革的设想,譬如团干部不是'青年官';既然是差额选举,就应该竞选产生;同时主张实行团的领导干部兼职制度以聚集各路青年英才……但这些主张在团内'不受待见',团十二大选举时我差点落选。决意退出,是'道不行,乘桴浮于海'。"

提出辞职后,徐永光开始展开他在共青团体制改革设想中埋下的伏笔——"建立中国青少年发展基金会"。1989 年 3 月,他出任中国青少年发展基金会(后文简称中国青基会)秘书长,不久后便推出了闻名全国的"希望工程"。

作为温州人,离开体制后的他为何不选择经商?徐永光觉得,做官不自由,经商也不自由,"做公益是自由的,有无限的想象空间和

图1-1 徐永光（右）在"希望工程"服务商标注册新闻发布暨使用授权仪式上

创造天地"。

回顾"希望工程"从成立到后来的发展历程，徐数度感叹当时每天都处在"如临深渊，如履薄冰，战战兢兢，惶惶不可终日"的状态。"希望工程"在小心翼翼中收获着巨大的社会支持——从普通公众到国家领导人。

最为徐津津乐道的例子便是小平同志的捐款。"1992年邓小平同志南行回来后，以'一位老共产党员'的名义匿名捐款，而且号召全家人都要支持'希望工程'。领导人把参与慈善捐款作为一名普通共产党员和公民的责任，完全没有利用他的权势。小平同志的捐款是我们经过调查才知道。我们特意安排将小平同志的5000元捐款用在他领导的百色起义的发生地，救助了25名失学儿童。当我们通过媒体公布了孩子们满怀深情写给邓爷爷的感谢信时，可以想象，这是多么强大的'希望工程'的动员令——领导人纯粹的慈善行为诠释了慈善的真谛"。

"希望工程"一方面让无数贫困儿童得以重返课堂，并最终实现知识改变命运的人生；另一方面第一次用完整、专业化的手段向国人传达出一个信息：每个普通人内心的善念，都可以借助于专业机构的运作，帮助社会贫弱者改变命运。几代中国人正是通过"希望工程"成为公益事业的参与者，进而成为社会进步的推动者。

但就在"希望工程"获得巨大成功之时，徐永光心里却慢慢升起一种不安和冲动。

1978年改革开放后，中国的经济得到飞速发展，但社会领域的变革进展缓慢。作为社会变革的代表性行业，公益事业处于政府全面主导时期，公益机构都带有政府背景。虽然在一定时期内，这种方式能够比较有效地动员社会资源来回应一些亟须解决的社会问题，但徐永光心里清楚，"官办"思路有悖于公益事业的发展规律，从长远来看，从民间募集的社会资源不应用于弥补公共财政投入不足，公益事业应该走向民间，由民间主导。

目前主流的第三部门理论认为，一个成熟、健康的社会应该有三个强有力的支柱，即由政府机构主要构成的第一部门（公共部门）、由私营企业主要构成的第二部门（市场部门）和由非政府非营利组织主要构成的第三部门（志愿部门）。三个部门各司其职，相互合作，但无法彼此取代。

第三部门存在的意义在于从事政府和企业无力、无法或无意作为的社会公益事业，从而实现服务社会公众、解决社会问题、促进社会稳定与发展的目标。尽管学界对于第三部门的准确定义仍存争议，但在中国大陆，第三部门的构成主要是社团、基金会和民办非企业单位，他们被统称为"社会组织"。其中，基金会因其资金来源的稳定性和赠款发放的灵活性，成为赋能第三部门、发展公益事业的重要推力。

中国对社会组织的发展长期实行"双重管理"——业务主管单位的前置审批和登记主管机关的登记审查，而民间资本很难找到业务主管部门为其背书，于是基金会行业长期以来形成了"官办基金会"一统天下的局面。

转机在 2004 年到来。

这一年实施的《基金会管理条例》将基金会划分为公募基金会和非公募基金会 ① 两类，并规定在满足一定条件的情况下，民政部门可以既作为基金会的登记主管单位，又作为业务主管单位。这就为民间资本成立基金会——尤其是非公募基金会——创造了契机。

当时，由于整个社会的公益氛围仍不成熟，大多数人并未注意到

---

① 非公募基金会与公募基金会最大的区别在于能否向公众公开募捐：公募基金会的募捐对象可以是不特定的社会公众，而非公募基金会的募捐对象只能是发起人、理事会成员等特定对象。

这个积极信号，即便捕捉到这个信号，真正有所行动的民间力量仍然不多。

但对等待民间公益春天已久的徐永光来说，可谓时机终至。这次，徐永光要让中国公益再进一步——让公益真正回归民间。

同年，还在担任中国青基会常务副理事长、法人代表的徐永光，发表了《非公募基金会：背负中国第三部门的希望》一文。他在文中说："我国的改革从经济领域开始。非公有制经济的发展，推动了市场在资源配置中基础地位的建立，解决了几亿人的就业，为国家创造了过半的 GDP 和近一半的财政收入，对于我国综合国力的提升和人民生活水平的提高，贡献卓著，功莫大焉！在公募基金会发展 25 年以后，非公募基金会终于亮相，这迟来的闪亮登场，标志着我国社会领域的改革迈出了重要一步，是第三部门发展新的里程碑。因为非公募基金会的出现，我们才有条件声明：中国有了真正的民间组织；只有等到非公募基金会形成气候，我们才有资格谈论政府、企业和第三部门的合作。非公募基金会背负着我国第三部门的希望，民间社会的理想。我真诚祈望，同是'非公'组织，非公募基金会在今后十年二十年内，也有非公经济那样惊世骇俗的表现。果诚如此，则百姓幸甚，善莫大焉！"

对非公募基金会充满期待的徐永光也走过一段弯路。

2005 年，应时任民政部部长李学举邀请，徐永光出任中华慈善总会副会长。李与徐曾是团中央同事，徐永光继李学举之后任团中央组

织部部长。李学举动议召开首届中华慈善大会，让徐永光和负责慈善
的民政部王振耀司长一起筹办；徐永光则希望借此机会把美国联合之
路模式复制到慈善会系统，支持民间公益发展，但其后几经波折未能
如愿。

继上一次带着挫败感离开共青团中央之后，徐永光又一次怀着
挫败感离开中华慈善总会。但这次离开，也让徐永光更加明确了自
己的新方向：不仅要为民间公益鼓与呼，更要作为参与者践行民间
公益。

"庆治，你要办的基金会可以提前启动了"

德不孤，必有邻。

时间回到 1990 年代，还有一批人，在同一时期做出了跟徐永光
相似的选择：告别政坛。只是，他们选择了一条跟徐永光完全不同
的道路。

周庆治便是这批人中的一个。

生于 1955 年的周庆治与徐永光同为温州人，他在读书的年纪因
"文革"失学，在做了几年车间主任后，通过参加"文革"后恢复的
第一批高考，又回到学校，进入杭州大学历史系读书。大学毕业后，
周庆治进入浙江省档案局，6 年之后，三十出头的他出任浙江省委第
一书记的秘书。

20世纪八九十年代，随着改革开放的逐步深化，神州大地风云激荡，一批批年轻人热切关注并投身于建设国家、改造社会的大潮中，他们在各个领域施展自己的才华与热情。1980年代周、徐二人初识时，周庆治还在体制内"忙着总结广东改革开放的经验"。

1989年，徐永光由政界进入公益。1991年，周庆治选择了另一条路，弃政从商。历经几载浮沉，1995年，周庆治组建南都集团，随后不断发展壮大。2000年，周庆治成为首个在新加坡拥有上市公司的中国民营企业家。

早年在体制内工作时，徐、周两人虽然一个在团中央，一个在地方省委办公厅，但同为有理想有抱负的政坛年轻人，彼此早有耳闻又是同乡，后因工作接触相识，一见如故，惺惺相惜。

作为都曾经历过中国动荡年代成长起来的一代人，周庆治与徐永光有着同样的家国情怀。所以，虽然周庆治选择了跟徐永光完全不同的道路，但内心，他们始终秉持着相同的人生观和价值观。

由政界投身商海多年，周庆治深深感受到，个人命运与时代变迁和社会发展息息相关，从少年失学，到由工厂基层重返校园，从充满理想的政府工作人员，到商海鏖战的商人，其背后的起伏得失无不与时代大背景有着密切的联系。

周庆治做过一件让当年创业合伙人难忘的决定。

1995年南都集团成立时，在周庆治提议下，集团的经营理念确定为：实现自我，回报社会。对于一个当时的商业集团来说，这样的经营理念显得非常独特。

正是带着这样的夙愿，在徐永光为"希望工程"四处奔走的岁月里，周庆治和他的创业同道们一边征战于商海，一边筹划着如何回报社会。南都集团自创建伊始，就一直为不同领域的公益事业捐款助力。虽投身不同领域，但徐、周两位老友多年来时常交流，分享人生，共话理想。

无论在政府工作，还是投身商海，多年来无论多忙，周庆治每天都坚持一个习惯：读书。创业成功后，随着资本积累的增长，周庆治开始有意去了解国外成功企业家回报社会的方式。他通过看书了解到，国外企业家财富积累到一定程度后，大多会建立基金会，用专业的方式实现回报社会的愿望。"专业的方式"，在周庆治心中得到确认。

周庆治认为，21世纪初的中国，已经步入从农业向工业化转型的进程，社会结构也在快速变化，新的社会问题会逐步凸显，中国的社会建设已经不能只靠第一部门的推动，三个部门都要发展起来，才能推动中国社会顺利向现代化转型。回报社会的路径在周庆治的心中慢慢清晰："未来我们一定要把自己的基金会做起来。"

2004年《基金会管理条例》的出台，让周庆治的理想提前着陆。他多次与徐永光讨论，要办一个以教育为方向的基金会。

缘于这样的背景，决意回归民间的徐永光第一时间找到周庆治。他知道，要做民间公益，有财富又有共同价值观的，非周庆治莫属。

2006 年的一个冬夜，徐永光造访周庆治，两人见面没有过多寒暄，徐永光直奔主题："庆治，你要办的基金会可以启动了。"

周庆治的朋友们："要拿出一些钱还给社会"

与徐永光夜谈后的一两天时间内，周庆治就把成立基金会的想法跟南都集团董事会成员何伟、王海光、林旦、杨晓光进行了沟通，这四位董事会成员都是当年在周庆治带领下共同下海创业的伙伴，同时也都是集团的合伙人和出资股东。与周庆治相似，几位合伙人都是在"拨乱反正"之后才有机会念书，并由此开始进入社会、参与国家建设的成长过程，对实现自我和回报社会，几位同道人有着共同的认知。

王海光清楚地记得，在南都集团成立前一年左右，周庆治就总跟大家唠叨类似"回报社会"之类的话。1995 年，南都集团正式成立，"实现自我、回报社会"八个字变成几个合伙人开会时经常说起的话题，"集团领导层内部开会时早就决定'要拿出一些钱还给社会'"。

因此，当周庆治跟大家说出与徐永光夜谈经过并提出建立基金会的想法后，四位董事纷纷表示赞同，并愿意出资。当时南都集团刚刚出售了一笔业务给万科集团，由此获得一大笔现金。

这份毫不犹豫的坚定，除了对周庆治的信任外，同样出于大家也都认识并了解徐永光。

图 1-2　2000 年南都集团董事会合影
（左起依次为王海光、何伟、林旦、周庆治，右一为杨晓光）

同样曾在浙江省委工作过，也同为温州人的王海光，与徐永光也有着多年友情。

1990 年代初，王海光曾在中央党校工作过一段时间，在北京的一次温州同乡聚会上，王海光见到了徐永光，"有人介绍说他就是希望工程的创始人，我本来就知道他名字，这次终于见到了本尊，他的年龄又比我们大，感觉就是位兄长"。

不同于多数经商的同乡，作为当晚话题的主导者，徐永光一直在聊公益、聊改革、聊经济发展，给王海光留下了深刻的印象："永光既保留了温州人那种豪爽、大方、坦诚，但又显然是经过北京特有环境的洗礼，非常有文化，有思想，而且他的思想都是原创的思想，这非常可贵。同时，因为他一直关注草根，关注社会底层，所以他的思想又都很接地气，我想他后来能放弃做官选择公益，就是因为他一直想在这个社会中寻找一种独特的路径来为社会服务。"

2006 年，政策、资金、团队一切就绪，成立基金会的想法可谓天时、地利、人和。

经几位出资人讨论，几件事项迅速达成一致：周庆治作为主要出资人，担任基金会理事长；徐永光担任秘书长，现阶段负责落实基金会的注册落地事宜；虽然出资人和公司都在杭州，但基金会要摆脱地方色彩，放眼整个行业和国家的需求，注册地放到北京，到民政部注册审批。

站在一个日渐开放与充满机遇的历史时期，南都基金会的几位发起人对这个全新的事业寄予了同样的期望：基金会要走出一条全新的、民间的、非公募基金会的道路。

大道不孤，殊途同归。

"使更多民间组织快速发展起来"

在周庆治聚集起志同道合的出资人的同时，徐永光身边也迅速围拢起一批摩拳擦掌的老朋友。

　　基金会筹备组当时在北京农展馆北路的永安宾馆租了间办公室，曾任《公益时报》总编辑、企业公民工作委员会总干事的吕朝，新华社记者李玉生，刚从香港中文大学读完社会福利专业博士的徐永光老部下刘洲鸿……几个人每天进出于永安宾馆的基金会筹备办公室，为启动一个全新的基金会做准备。

　　作为中国最早由企业出资建立的基金会之一，南都公益基金会的注册过程给政府的新政策落地和民间资本进入公益进行了一次生动的试水体验。

　　周庆治等出资人最初决定捐款三亿人民币作为基金会的注册资本。可真正注册时才了解到，基金会从开始申请注册即要求注册资本全额到账，同时，到账资金在批复结果出来之前不能使用。

　　这一规定是在商海搏击多年的出资人们未曾预料到的。当时，工商企业的注册资本已经可以分期到位，若想注册一家一亿元注册资金的企业，首期到账 20% 即可，而且只要在企业验资那天之前把钱打进去即可。巨额资金放在账上不能动，对资本市场而言意味着巨大的浪费。

　　在了解到这个政策后，周庆治等出资人商议决定，三亿元做公益的初衷不变，但改为一亿元用于注册资本，另外两亿放在集团作为公益基金，其收益用于支持基金会相关工作。

　　基金会资产的保值增值也是周庆治等出资人从一开始就非常关注

的问题。一方面，社会上对于将善款用于投资增值接受度不高；另一方面，理财本身具有非常强的专业性，因此，实现善款的稳妥增值便成为一个重要目标。因此，南都专门设立了投资管理委员会，由该委员会提出投资计划，报理事会批准后，再由该委员会负责执行，最后向理事会报告。南都基金会重大投资决策管理机制均在第一届理事会监事朱卫国建议下设计，借助其法律专家和《基金会管理条例》主要起草人的背景，确保投资行为合法合规。

同时，根据基金会注册相关规定，理事长应是基金会的法人，但不能同时担任其他组织的法人，因此，原定由周庆治担任理事长的想法也进行调整，由出资人之一何伟担任南都公益基金会理事长，周庆治担任名誉会长，徐永光担任副理事长兼秘书长。

今天，资产规模超过亿元人民币的基金会在中国已有不少，但在当年并不多见，相关部门极为谨慎。在层层审核一年多后，最终由当时分管民政的副总理签字确认，才得以一锤定音。

2007 年 5 月 11 日，民政部发出《南都公益基金会设立登记的批复》。南都公益基金会以 1 亿元人民币原始资金规模，正式成为全国性非公募基金会，业务主管单位为民政部。6 天后，南都基金会代表何伟与民政部签署了业务主管单位有关事宜的备忘录。

筹备期间，徐永光和周庆治一直保持着频繁的沟通，除了相约面谈，光邮件往来就有 57 封。除了关于事务性的筹备工作，两人还就基金会的定位做了进一步探讨。周庆治多次向徐永光强调，南都基金会要做"公共利益型"基金会，要保持两个原则：一是致力于服务民间；二是出资人要低调。

这两个原则，让南都基金会当初在取名上也颇费了一点周折。

徐永光开始提议就叫"南都公益基金会"，周庆治反对，他认为"回报社会就要做得很纯粹，没必要出现南都的品牌"。

徐永光坚持自己的想法："福特基金会、盖茨基金会、洛克菲勒基金会都是用出资人的名字命名，并不影响公共利益的定位啊！一百年后，南都集团可能不在了，但南都公益基金会一定会做成百年老店！"

最终，"百年公益老店"的愿景感染了周庆治，他同意冠名"南都"，成立南都公益基金会。

关于南都基金会应该做自己运作项目的操作型基金会，还是主要通过赠款来支持其他机构运作项目的资助型基金会，两人也很快达成共识。"操作型基金会不是说不好，也很需要，但对当时的中国来说，操作型基金会已经有了一些，全国好像更需要资助型的基金会——就像投资公司一样。好的企业、好的项目多了，但是如果没有资金注入，成长不起来。基金会也是这样，（通过资助）使更多民间 NGO[①]组织快速发展起来，我们感觉这样可能自己的价值更大一点，于是就把自己定义成了资助型基金会。"周庆治说。

---

① 即非政府组织，也称非营利组织、民间组织，我们一般称为社会组织。

对于基金会的使命，几位发起人和出资人很快达成一致：

支持民间公益——南都公益基金会关注转型期的中国社会问题，资助优秀公益项目，推动民间组织的社会创新，促进社会平等和谐。

机构愿景则由周庆治提出，他希望延续并扩大希望工程带来的"希望"：

人人怀有希望——如果每个人心中都怀有希望，这个社会就会有光明的前途。

※ 理论映照 ※

几乎在任何国家里，法律要求非营利组织要有一个理事会，理事会对组织、政府和社会承担着法律和道德上的具体责任。理事会有责任决定组织的使命，保证非营利组织的项目合理有效地支持这个使命，保证组织履行其法律和道德的责任，对自身的一切行为负责并保持透明度。理事会是一个组织中最高的权力机构，具有绝对的决策权。

——摘自美国麦克利兰基金会和北京恩玖信息咨询中心，
《治理的价值》培训课程教材

重要的不是领导的魅力，而是领导的使命。因此，领导的第一要务应该是思考并定义组织机构的使命。

使命陈述必须是切实可行的，否则就只是良好的愿望而已。使命陈述必须着眼于组织机构确实计划采取的行动，然后加以贯彻落实，使每个组织成员都能明确地表示：这是我对组织目标的贡献。

——摘自彼得·德鲁克，《非营利组织的管理》

※ 行思回顾 ※

中国 NPO 治理现状和展望：从英雄时代到制度时代 *

徐永光

（2004 年）

（一）

处在转型时期的中国 NPO[①]，其生存与发展环境具有四个最基本的特征："第一，改革之前的中国是一个权力高度集中的国家。这是中国改革的最重要的初始条件。第二，经济改革和政治改革导致政府职能的重大转变，在经济领域和社会领域留下了广阔的管理和服务真空，这种真空对非营利组织产生了强烈的需求。第三，政治体制改革和市场化带来的所有制结构的多元化，产生了政府控制之外的资源，使非营利组织有可能不依赖政府而独立地生存和发展。第四，尽管如此，20 年来在政府—社会权力对比格局中，政府始终处于绝对主导地位。人们用'政府主导型改革'准确地概括了这一特征。这种环境为非营利组织的发展创造了必要条件，同时也产生了有力的制约，使得中国的非营利组织整体上处于发育不良状态。"[②]

康晓光先生有一句名言："在中国做非营利机构，做得不好是正常

---

*　本书收录时略有修改。

①　即非营利组织，系英文 Non-Profit Organization 的缩写，与非政府组织概念类似，二者侧重点不同：非政府组织强调组织的民间性，非营利组织强调其不以营利为目的。

②　徐永光述，方立新、王汝鹏编《中国第三部门的现实处境及我们的任务》，载《叩问天人之际：徐永光说希望工程》，中国青年出版社，2001。

的，做得好是不正常的。"我一直深切感受到这种"不正常"的压力，曾撰文指出："我国的基金会缺乏竞争的法律政策环境、社会评价机制、压力机制和内在动力。尽管可供分配的捐赠资源十分匮乏，但从未听说有哪家基金会因捐款少而倒闭的。不做事没有关系，只要不惹事，谁也不会找你麻烦；相反，做事越多风险越大。几乎与经济体制改革同时出现的我国基金会，之所以总也长不大，盖因这种奇怪的生存环境：不是优胜劣汰，而更可能是精英淘汰！没有竞争、缺乏压力，我们是否能够长久保持创造的活力和进取的冲动？'孤军深入'的中国青基会'红旗还能打多久'？"[1]

具体分析，我国非营利组织在"政府主导"和"官民双重结构"下的发展型态，大体上可分为以下5种：

1. 由政府机构直接转型为社会团体，仍然具有很大的行业管理权力，具备准政府机构性质的行业协会，如中国轻工业联合会、中国纺织工业协会，这类属于政府职能转型中的"权威型"机构，其官办性质在短时期内不会改变。

2. 由政府主办并直接控制的社团、基金会、慈善组织，有强大的政府背景，利用行政权力和影响，强势推行包括筹款在内的活动，成为政府垄断社会公益捐款的"钱袋子"和形象工程。如北方某省政府2002年发文规定："社会慈善捐赠活动统一由民政部门组织管理……

---

① 徐永光述，方立新、王汝鹏编《无竞争忧患》，载《叩问天人之际：徐永光说希望工程》，中国青年出版社，2001。

各级慈善组织受民政部门委托承担社会义务捐赠活动的日常工作。"根据这个文件，该省禁止了除慈善总会之外的所有其他合法公益团体的社会募捐活动，由一家垄断。这类"强势型"机构不代表我国非营利组织发展的主流方向。

3. 在由官而民的转型中，自身生存和发展能力十分脆弱，习惯于依赖行政资源，"断奶"以后，体制内的好处得不到，行政化、官僚化的弊端却没有消除，先天不足，后天不良，面对市场化带来的纷繁复杂的社会问题，力不从心，无所作为。在我国非营利组织中，属于这类"平庸型"的机构十分普遍。少数机构迫于生存压力，或受到市场利益的驱动，背离宗旨，不务正业，滥用公共权利，破坏了非营利组织的公信力。

4. 把握政府职能转换的时机，适应市场经济发展中社会需求的新变化应运而生的各类公益性社团、基金会、慈善会、社区组织、同业协会。这类组织虽有政府背景，或有政府支持的影子，但能够比较独立地开展符合机构宗旨的活动，创造了诸如希望工程、春蕾计划、微笑列车、幸福工程、小额贷款、保护母亲河行动等公益品牌，一些行业协会努力推动行业自律，维护成员和消费者利益，为建立社会主义市场经济的正常秩序发挥着积极作用。这类"创新型"机构尽管数量不多，发展亦并非一帆风顺，但在中国NPO"官民转换"进程中起着引领方向的作用，举足轻重。

5. 受非营利组织双重管理体制的制约，一批没有官方背景的纯粹民间公益组织因找不到"婆婆",没有"出生"的权利。他们为了获得法人地位只好到工商部门去登记注册,如地球村、星星雨教育研究所、NPO信息咨询中心等。这类"草根型"机构在极其困难的条件下顽强生存,百折不挠,独立寻求发展,创造了斐然的成绩。他们为中国民间社会的兴起做出了独到的贡献。

(二)

以上把我国非营利组织的发展状态概括为"权威型"、"强势型"、"平庸型"、"创新型"和"草根型"五种类型,系一家之言。不论哪一种类型,都属于转型中的过渡型态,没有哪一种是真正"成型"的。关于这些组织的内部治理现状——理事会在机构发展中的决策和核心作用,理事会对公共利益的问责性,则几乎都处于低水平。"权威型"和"强势型"机构,仍然体现政府的意志,依靠政府的资源,民间性和独立性很差。"平庸型"机构,已经没有多少政府权力和资源可以依赖,又未能适应市场化的变化,端着"官办"的架子,方向不明,能力很弱,看不到理事会的作用。"创新型"机构,有比较强的执行层,工作活跃。理事会和执行层有形式上的分工,能定期召开会议,执行层向理事会报告工作,理事会通过。但理事会一般规模庞大,如中国青基会理事会人数最多时超过了200人,无法真正议事和决策,也不可能对机构发展承担风险和责任。"草根型"机构一般靠领导人个人的影响力凝聚志同道合者,有的在工商部门登记注册,多数没有设理事会,领导人集决策和操作于一身。这类机构虽然有很强的独立性，很高的效率和活力，但因游离于政府管理之外，靠领袖的个人魅力而不是有效的内部治理维系机构的发展，其可持续发展缺乏制度保障。

可见，即便是比较好的中国NPO，也没有形成有效的内部治理结构，理事会还没有登台表演。在这类NPO的成长过程中，往往带有很浓的个人色彩，存在可能由此带来的风险。中国青基会也不例外。我6年前在一篇机构改革的文章中，强烈地表达了这种忧虑：

"自我反省，在'专制者'和'妥协者'中，我宁愿承认自己属于后者。……10年探索，历尽坎坷。中国青基会能够一步一个脚印地走到今天，能够在由社会第一部门向第三部门的过渡中有所建树，得益于渐进的、改良的、稳健的、务实的发展策略，即开拓而不越轨，创新而未离宗，开放而有节制，保守而不僵化。如同一只小鸟在一个大鸟笼中飞，不敢一飞冲天；在传统体制的规矩内不越雷池一步；和一切可能危及机构生存的力量妥协，乃至把'牺牲效率保平安'作为我们的'安全阀'。在机构内部亦大体如是。10年来，磕磕碰碰难免，意见分歧常有，妥协、和稀泥乃至模糊理论，是保持机构稳定的灵丹妙药。"

"然而，一个具有个性人格的机构不可能只有妥协没有'专制'。在涉及机构发展的重大问题上，作为机构的主要责任者，一旦认准目标，必定会顽强地按照自己的意志行事，即使反对意见很多，也要力排众议，一意孤行。而这样做的本身，即是对'思想解放'的悖论，且会因个人意志的正误，成也萧何，败也萧何，或上天堂，或下地狱。若是后者，则个人垮台，机构倒霉。老子有言：'知人者智，自知者明。胜人者有力，自胜者强。'我要自知，更须自胜。听南怀瑾老先生的劝诫，功成身退也许是最明智的选择。"[①]

显然，我知道一个机构需要统一意志，也懂得个人意志强是一把双刃剑，但没有找到一条保证机构长治久安的治理之路，认为"功成身退也许是最明智的选择"。我和许多 NPO 的领导人都了解投身中国民间社会建设的艰险，在天堂和地狱间走钢丝，早把个人的荣辱进退抛之脑后。但是，"英雄主义"不是中国 NPO 发展的长久之道。中国 NPO 发展必须结束法制滞后、改革迟钝造成的整体平庸，少数冒尖的"英雄时代"，走上有法可依，政府和民间社会共同参与，形成合作关系，实现 NPO 内部有效治理的"制度时代"。

2004 年，是中国 NPO 迎接"制度时代"的转折之年。新的《基金会管理条例》于 6 月 1 日实施，《民间非营利组织会计制度》于 2004 年 8 月 18 日颁布、2005 年 1 月 1 日起执行。《基金会管理条例》明确了基金会是以管理公益财产为目的"非营利法人"，而不再是以"人合"为基础的"社团法人"。规定基金会理事只能有 5 至 25 人，要设立监事职位；规定理事违规决策致使基金会遭受财产损失的，应当承担相应的赔偿责任等。这就要求基金会必须建立新的理事会治理

[①] 徐永光述，方立新、王汝鹏编《自知者明，自胜者强》，载《叩问天人之际：徐永光说希望工程》，中国青年出版社，2001。

结构，确立理事会在组织内的决策地位，要求理事会成员必须对公共利益负责并具有一定的专业能力。这些规定，都体现了对以管理公益财产为目的基金会的立法指导思想。随后出台的《民间非营利组织会计制度》，结束了我国民间非营利组织财务管理长期无章可循、无奈套用制订于计划经济时代"统收统支"的国家事业单位财务制度的历史。新制度按照国际会计准则，吸收了欧美国家非营利组织会计制度的经验，在某些方面还做了率先改革。如国际上现行的非营利组织"确认收入"的规定并不合理，国际会计准则委员会考虑要废止旧法采用新法，我国就采用了新法。

据了解，除《基金会管理条例》外，我国其他民间组织的法规以及相关税法也在考虑修订中，这些法规制度的相继完善，一方面使我国基金会和其他非营利组织减少了"摸着石头过河"的风险，一方面要求这些组织必须依法规范管理，加强治理，提高合法性、透明性和问责性。这些，使我们看到了我国非营利组织"制度"时代的曙光。

（三）

路漫漫其修远兮。清华大学NGO研究所邓国胜认为，让NGO有一个好的治理结构不是一个简单的技术性问题，而是一个适应性问题，它不是一蹴而就的，大家要有信心，NGO可以树立自己治理的典范。同时他认为，我国市场经济改革已经进行了20多年了，看看我们的公司治理状况如何，所以我们不能指望短时间内就能让NGO的治理达到一个很高的水平。

　　我用过"尤吉"的笔名，意寓"忧喜参半"。对于我国 NPO 治理前景的看法，不外如此。首先是在官办 NPO 中，属于"权威型""强势型""平庸型"的占大多数。它们可能还要分野为两类，一类走国家事业单位改制的道路，成为"公立非营利组织"，即所谓 GONGO；一类需要逐步脱离政府的控制和保护，脱胎换骨，自立自强，成为名副其实的民间 NPO，接受市场的选择和淘汰。另外两类，有官方背景的"创新型"NPO 和民办的"草根型"NPO，也面临建立和完善内部治理结构，实现有效治理的挑战。

　　什么是 NPO 的有效治理？美国麦克利兰基金会和北京恩玖信息咨询中心在《治理的价值》培训课程教材中有如下表述："几乎在任何国家里，法律要求非营利组织要有一个理事会，理事会对组织、政府和社会承担着法律和道德上的具体责任。理事会有责任决定组织的使命，保证非营利组织的项目合理有效地支持这个使命，保证组织履行其法律和道德的责任，对自身的一切行为负责并保持透明度。理事会是一个组织中最高的权力机构，具有绝对的决策权。"

　　一般认为，"草根"NPO 不受官方控制，离好的治理只有一步之遥。其实，问题没有那么简单。在"草根"NPO 中，创始者在组织内有绝对的权威。过去，这些创始者自己既是"理事会"——决定组织的使命和方向，又是执行长——亲自"操盘"。坚定的信仰和成功的业绩确立了他们在组织内的"教父"地位。根据治理的要义，他们必须进行角色选择。我以为，这类组织的领导人适宜于在理事会担任理事长，继续掌控组织的方向，并找到一个好的执行长。难点是，其一，他是否会干预执行长的管理权力，成为实际上的"理事长兼首席执行长"；其二，他是否能够真正发挥理事的作用，把"绝对的决策权"交给理事会。以上两点有任何一点做不到，改革的效果就值得怀疑。假如作另外的选择，现在的领导人摆在执行长的位置，建一个领导自己的理事会，选一个能压住台的理事长。结果会怎样？我只能回答："I don't know！"

对于有政府背景的NPO来说，不论现在处于何种发展状态，建立治理结构都有两个难点：一是业务主管部门的控制和理事会的独立决策权存在矛盾，理事会的独立性难于得到保证；二是理事会成员的主体是不领薪的志愿人员，执行长是专职人员，直接掌握着机构的运营，资源的管理，人员的调度，有很大的操控权，而理事会的独立性本来就有缺陷，存在被执行层架空的危险。非营利组织治理的核心是确立理事会的权威和独立决策地位。在目前的法律框架下，这个地位面临着业务主管部门和执行层的双重挑战。按照"问责制"即对公共利益负责的要求，非营利组织理事会要负那么大的责任，它是否被赋予了同样大的权力？

站在业务主管部门的立场，也有它的困难。《基金会管理条例》第35条规定，基金会业务主管单位需履行指导、监督基金会依据法律和章程开展公益活动，以及配合登记管理机关、其他执法部门查处基金会违法行为的职责。就是说业务主管部门对挂靠的基金会既有事后追究违法行为的责任，也有事前指导、监督其合法经营的责任。一旦基金会出了问题，主管部门实际上难辞其咎。为此，民政部在《基金会章程示范文本》中已经写明：基金会监事由主要捐赠人、业务主管单位分别选派。这还不够。既然主管部门负有"事前责任"，如果不参加理事会，没有决策阶段的发言权，其指导、监督的职责也容易落空。有人提出，考虑到主管部门的责任，主管部门不仅应派出代表参加理事会，而且要给这位理事一种特殊权利。这位理事在决定事项上，和其他理事一样只有一票表决权，而对某项决定提出反对时，则有一票否决权。换句话说，由主管部门派出的理事，不可以决定理事会做什么，但可以否定理事会做什么。这有点类似英国国有企业改革时的政府"黄金股"。英国撒切尔时期，在国有企业大规模私有化中，为了避免政府对一些关系国计民生或国家安全的企业完全失控而出现对国家和社会的不利后果，创造了政府"黄金股"（Golden Share）的概念。政府在这些已经完全私有化的企业中保留象征性的1股"黄金股"。这一股对公司做什么没有任何影响，但有权对公司要做的可能危害国家、社会利益的决议进行一票否决。

用"一票否决权"换得理事会的独立决策权，是一种妥协。相对于过去业务主管部门实际上的"一票决定权"，也算一个进步。当然，"一票否决权"如果被滥用，那是很可怕的事情。

看来，官办NPO在今后一个相当长的时期里，要唱一出业务主管部门、理事会和执行层的"三国演义"。三方如何处理相互之间的微妙关系，扮演好自己的角色，有很大的难度和学问。业务主管部门要认真履行指导、监督的职责，又不能伤害干预理事会的决策权、执行层的管理权。执行层要切实贯彻理事会确定的机构使命，创造性地开展业务活动，对理事会负责，同时要与主管部门保持良好的沟通，接受指导和监督。理事会角色的难度最大。既要确立核心地位，进行独立决策，又要尊重业务主管部门的监管；既要责成执行层担负起组织运作的职责，赋予充分的管理权力，又要防止绝对控制权的丧失。这样，才能保证组织有效地、合法地达成自己的目标。

总之，非营利组织的内部治理将要面临理事会与业务主管部门和执行层；业务主管部门与理事会和执行层；执行层与理事会和业务主管部门之间多头复杂的动态博弈。尽管我们不知"三国演义"何时休，但只要三方遵循一条共同原则——公共利益为最大利益，在具体利益和合作方式上，不妨通过博弈找到最佳平衡点。在这场博弈中，最公正的裁判是公众，他们会用支持或不支持、捐款或不捐款来"投票"决定是否接受你。在这个博弈过程中，也需要有非营利组织行业自律组织的参与。应在政府支持下，组成一个由若干有影响、有代表性的非营利组织和专家参加的专门委员会，制定我国的"非营利组织公信力标准"，定期对各机构进行评估，向社会公布机构信用评级，接受公众的监督和选择。经过相当长时间的努力，形成一个法律规范、政府监管、组织善治、行业自律、社会监督、市场选择、优胜劣汰的我国非营利组织发展的健康机制。

第二章

打造第二个"希望工程"

第一次战略规划

"我提议由赵亦斓担任基金会副秘书长……"

"我不同意！"

徐永光话音未落，反对声隔空响起。反对者是向来以言辞犀利著称的中国人民大学教授康晓光。他反对赵亦斓担任副秘书长的理由很简单——赵是南都基金会主要出资人周庆治的夫人，这样的关系，不利于日后开展工作。

如果不是多位理事均在访谈中予以确认，我们很难相信，如此戏剧性的一幕竟会发生在南都基金会第一届理事会第一次会议上。

康晓光既非出资人，也不是秘书处成员，作为基金会聘请的社会理事在第一次开会时便如此理直气壮地否定这项提议，这个颇具象征意味的情景为南都理事会日后的会议讨论铺上浓重的底色。

遗憾的是，南都基金会的第一次战略规划，可以说是在两位主要发起人，或者说仅在一位主要发起人的意见之下确定的——这与后来的两次战略规划经过充分讨论形成鲜明反差——这就为日后理事会内部更多的"不同意"埋下了隐患。

从"我不同意"中启航的理事会

　　凭借对南都基金会使命、愿景的认同，以及徐永光个人魅力的感召，南都吸引了各领域专家加入理事会。

　　第一届理事会成员除周庆治、徐永光、何伟外，其他几位出资人王海光、林旦、杨晓光均在其中。此外还包括，中国人民大学公共管理学院教授康晓光，创作了大量希望工程报告文学及《中国新生代农民工》的军旅作家黄传会，时任民政部民间组织管理局副局长杨岳。

　　监事则分别由《基金会管理条例》主要起草人、法律专家、时任国务院法制办公室政法司一处处长朱卫国，《民间非营利组织会计制度》起草牵头人、财务专家、时任财政部会计司准则二处处长陆建桥和央视著名主持人白岩松担任。

　　从理事会和监事会成员名单上不难看出，有企业管理经验丰富的出资人，有非营利组织学术研究的权威，有记录公益发展历史的报告文学作家，有主管政府部门的领导，有代表新闻监督、法律监督和财务监督的权威人士。南都公益基金会第一届的理事会和监事会的成员组成可谓煞费苦心。

　　2007 年 6 月 29 日，南都基金会第一届理事会第一次会议在北京举行。周庆治在这一次会议上郑重地面对每一个人宣布：

　　"我向诸位承诺，南都基金会是一个完全致力于为公众利益服务的基金会，南都集团和我个人在此没有私利。而且我在这里也郑重要求

图 2-1　南都公益基金会第一届理事会第一次会议集体照
（前排左起依次为康晓光、赵亦斓、何伟、周庆治、徐永光、杨岳；后排左起依次为陆建桥、白岩松、林旦、黄传会、杨晓光、王海光）

基金会秘书处在开展业务活动时，尽量不要宣传南都集团和我本人。"

　　周庆治此言可谓君子一诺。此后十年，无论是媒体采访还是南都基金会对外的各种传播资讯中，南都集团与周庆治几乎未有出现，以至于常有人误以为南都公益基金会是由南方都市报主办的。

　　尽管周庆治已经做出了如此庄重的承诺，但恐怕连他自己也没想到，在第一次的理事会会议上，就遭遇了一次"反对事件"。

　　当天会议上，徐永光提议由赵亦斓担任基金会副秘书长。

　　赵亦斓，本科和研究生先后就读于复旦大学和美国华盛顿大学，曾就职于中欧国际工商学院。徐认为赵亦斓的背景将有助于秘书处的业务开展。但微妙之处在于，赵亦斓还有另外一个身份——周庆治夫人。这一提议并非出自周庆治，而是徐永光。

但徐永光提议话音未落，一声"我不同意"隔空响起。反对者是中国人民大学教授康晓光。

康晓光多年从事第三部门研究，无论在学校，还是在业界，康向来以说真话、敢批评且言辞极为犀利著称，他当天反驳赵亦斓担任副秘书长的原因和徐永光相反——作为周庆治的夫人，赵担任这个职务不利于秘书处日后开展工作。

在康晓光表示反对后，理事会成员对这项提议进行投票，结果是全票否决。

"现场投票，当着周庆治、赵亦斓的面，没有经过任何商量，没有一个人犹豫迟疑，这就是南都基金会的理事会，大家坦诚相见，毫无私心。"十年后，回忆起这段插曲，康晓光如是说。

从农村儿童到流动儿童，转型社会的教育难题

南都基金会理事会第一届理事会第一次会议除了审议并通过了南都公益基金会使命及愿景表述，还审议并通过了《新公民计划立项报告》和《新公民学校项目预案》，决定在全国实施新公民计划，包括捐建新公民学校，资助非营利组织为农民工子女开展公益活动，从而改善农民工子女的成长环境。

之所以将南都基金会成立后的首个重要项目聚焦于农民工子女教育，主要源于徐永光的社会观察。

多年来，"希望工程"声名赫赫，无数贫困地区的孩子通过"希望工程"重返课堂，实现了人生的转变。但随着改革开放带来的打工大潮席卷中国，新的教育问题随之涌现：一批批随父母从农村进入城市的"流动儿童"，由于户籍等原因，正面临求学无门的教育困境。

这个群体有多大？

根据第五次人口普查的数据估算，2000 年全国 14 周岁及以下流动儿童数量为 1410 万人。到 2005 年全国 1% 人口抽样调查时，全国 14 周岁及以下流动儿童规模进一步增加到 1834 万人。5 年间，流动儿童增长 30%。而在 2008 年全国妇联公布的调查结果中显示：流动儿童升至 2000 万，在这 2000 万的流动儿童群体里，失学率高达 9.3%。[①]

农民工子女教育问题如果得不到妥善解决，不仅对农民工子女个人成长及其家庭产生不利影响，也将对未来的社会带来严重后果。徐永光希望在有生之年再做一件事：为千千万万农民工子女打造第二个"希望工程"。

对于这次再出发，徐永光充满信心与激情。他认为，相较于此前的"希望工程"，解决流动儿童的教育问题具有更大的社会感召力和

① 本段关于流动儿童数量的数据来源于杨树燕，《流动儿童发展性贫困现状研究》，《新西部》2017 年第 5 期。

可持续性："希望工程帮助的是偏远地区的贫困儿童，举国上下以城市人为主的老百姓纷纷解囊相助，那些孩子都是这些城市捐款人平时看不到的孩子。这次，我们直接帮助生活在城市里的流动儿童解决上学难的问题，这些孩子就生活在城市中，就在城市捐款人的身边，帮助身边看得到的孩子对捐款人来说体验感更加真实。同样，对于想要做公益的企业来说，给希望工程捐款，把自己冠名的学校建在偏远地区都可以获得那么多企业的热心支持，这次爱心企业捐助的学校可以直接建在更多人群看到的城市中，企业热情怎么会不高？"

帮助流动儿童走出教育困境，与周庆治要解决转型期社会问题的想法不谋而合。项目前期调研和设计的工作在基金会筹建期间同时进行，并经过讨论确定了一个响亮的项目名称——"新公民计划"。

"新公民计划"旨在改善农民工子女的成长环境，帮助农民工子女获得更好的教育，使农民工子女能够发展他们的潜能，培养公民意识，承担起未来公民的责任，成为高素质的新公民。

项目调研主要由芝加哥大学教育学博士、麦肯锡独立顾问程玉带领完成。程玉在 1970 年代后期即投身中国社会建设领域的工作。2006 年，程玉与麦肯锡资深顾问陈宇廷联合国内多家大公司成立公益伙伴基金（NPP），为中国非营利组织提供专业技术支持。徐永光任 NPP 发起理事，就此与程玉相识相知。此时他还未卸任中国青基会副理事长，在程玉提议下，开始做希望工程转型升级的战略规划。尽管囿于各种原因，这个规划未能得以实施，但徐永光对于程玉的专业能力和深度关注中国社会建设的情怀已有充分了解。

确定做"新公民计划"后，徐永光第一个想到的就是程玉。

他找到程玉，聊起正在筹备的基金会和"新公民计划"。听完徐永光对流动儿童教育问题的分析后，学教育学出身的程玉热情即被点燃。徐永光趁机邀约，请程玉率团队展开调研，为筹备中的南都基金会提供一份解决农民工子女教育问题的项目可行性报告。

程玉郑重受命。

出人意料，200 万资助乏人问津

数量巨大的适龄儿童在城市中面临上学难的窘境。尽管 2001 年国务院印发了《关于基础教育改革与发展的决定》，针对解决流动人口子女接受义务教育问题确立了"以流入地为主，以公办学校为主"的原则，但由于我国的户籍制度与社会福利权益保障包括教育资源紧密相连，全国地方财政均以户籍统计适龄儿童的人数，并以此配置教育资源。由于流动儿童没有流入地的户籍，流入地学校没有或不愿支付额外财力来接受这部分生源。

由此带来的结果就是，在相当长一段时间里，流动儿童若要在流入地上学，需要向学校缴纳价格不菲的"借读费"。

2004 年，北京市人民政府办公厅发布的《关于贯彻国务院办公厅进一步做好进城务工就业农民子女义务教育工作文件的意见》明确表示"自 2004 年 9 月新学年开始，全市实施义务教育的公办小学和初中，对符合来京务工就业农民子女条件的借读生免收借读费"。但免借读费并非零门槛。文件要求，打工子女在所在地办理入学手续时，"须由其家长或监护人持本人在北京暂住证、在京实际住所居住证明、在京务工就业证明、户口所在地乡镇政府出具的在当地没有监护条件的证明、全家户口簿等证明证件"，也就是后来俗称的"五证"。

流动儿童的家长大多数是建筑工、运输工、清洁工、家政服务者、小商贩、菜农等，他们往往不归属于某一固定单位，让他们"五证"齐全，可谓难如登天。于是，北京数十万打工人员子女依然面临上学难题。

在这个政府供给无法满足的巨大需求面前，市场响应迅速。一批批面向打工人员子女的收费低廉、手续简单、条件简陋的学校在城市中雨后春笋般涌现。然而，低投入必然带来粗放式管理，校舍、交通、食品卫生安全等一直是这些学校的巨大隐患。2006 年起，北京等城市政府相关管理部门多次发文，要求对未经批准自办的打工人员子女学校予以分流、规范或取缔。

虽然各地纷纷刮起"取缔风暴"，但由于流动儿童数量始终居高不下，他们进入公办学校一直举目无门。因此，即使收费低廉，面对数量庞大的生源，打工学校创办者依然可以获得或多或少的利润。强大的"市场刚需"，让各地打工人员子女学校数量仍呈攀升趋势，但不管是硬件条件还是教学质量都堪忧。

解决千百万农民工子女的教育困境、为流动儿童再造优质教育，这个想法从一开始提出就激励了每一个人，无论是南都基金会的出资人、其他理事、监事、秘书处团队成员，以及因此宏愿而不断加入其中的志愿者。

2007年3月，程玉组建"新公民计划"项目可行性研究小组，并担任组长，开始了对农民工子女群体的调研。调研小组成员还包括刘洲鸿，以及同样从中国青少年发展基金会出来追随徐永光的刘文华。

研究小组用两个多月的时间进行了文献回顾、实地走访和深度访谈。在此过程中，北京理工大学教育研究院教授杨东平、中央教育科学研究所[①]研究员吴霓、人民政协报教育在线周刊主编贺春兰等也积极参与调研工作并作出积极贡献。最终，研究小组得出结论：无论政府还是市场，在满足农民工子女教育需求方面都存在失灵现象，以非营利性为特征的民办"新公民学校"仍有很大需求。

研究小组进一步提出，"新公民计划"一方面可以资助为农民工子女提供服务的公益项目，包括道德养成、心理健康辅导、艺术培养、科普教育、支教等；另一方面，建立"新公民学校"，直接解决流动儿童入学难的问题，促进其获得"有质量的教育公平"，使学校成为新公民计划实施的重要基地，并将"新公民学校"创办成动员社会力

---

① 2011年更名为中国教育科学研究院。

量、解决农民工子女教育问题的新模式。

依据研究小组调研结果，南都基金会理事会在第一届理事会第一次会议上确认资助建设简易型"新公民学校"。其中，资金标准为每所学校每年资助 200 万元，在两到三年内建设不少于 10 所；五到十年内在全国推广复制 100 所，南都基金会资助投入 2 亿元。理事会还确定了项目的长期目标是：制定以"高软件、中硬件、低收费"为指导原则的新标准，获得政府认可，以促进农民工子女民办教育（行业）质量的提升，并全方位吸引企业、社会捐助和参与。

作为南都基金会创立之初的重点工作，为了更专业、高效地实施好这个项目，2007 年 8 月，南都公益基金会单独成立了"新公民学校发展中心"（以下简称"新公民中心"），由其实施"新公民计划"相关工作，程玉担任理事长，刘洲鸿担任总干事，刘文华担任执行总干事。奥美广告公司的一批志愿者还专门为"新公民学校"提供了品牌推广设计。

但令所有人意想不到的是，尽管北京当时有三百多所清寒简陋的打工人员子女学校，但这个每年资助 200 万元的公益项目，竟鲜有人问津。

究其原因，主要是符合资助条件的学校——即由公益组织创办的"公益性学校"——少之又少。打工人员子女学校背后的市场化生态圈，让真正具有公益性质的学校数量堪比凤毛麟角，新公民中心工作人员经过一段时间的走访，在北京仅找到三所真正属于公益性质的打工人员子女学校。

北京"工友之家"创始人孙恒和伙伴们于 2005 年通过捐献唱片版税兴办的"同心实验学校"是上述三所公益学校之一,但孙恒在与主动上门的项目组成员沟通后婉拒了合作,原因之一是对南都基金会及其出资人不了解,抱观望态度;二是同心实验学校当时已有自己的理事会,如果接受南都资助成为"新公民学校",孙恒担心会失去办学自主权。

在项目组的努力下,一家位于大兴区的公益性打工人员子女学校自愿加入"新公民计划"。

同时,新公民中心工作人员尝试多种方式寻找合作学校,如与北京市朝阳区教委建立了联系,在朝阳区教委介绍下,终于有一所打工人员子女学校愿意"改制"成为非营利性质的新公民学校。

2007 年秋,两所新公民学校先后挂牌开学。虽然经历了之前寻找合作方的艰难,但两所学校的正式挂牌开学,还是让基金会上下对"新公民计划"的前景充满希望。

新公民学校变成"黑洞"?

新公民学校甫一推出便受到媒体高度关注,其被描述为"承载着民间公益办学理想的探索",并被寄望"通过制度创新解决农民工子女的教育问题"。然而当观察视角从办学模式拉回到日常的校园生活时，我们便会发现，虽然新公民学校的老师尽职尽责，除了认真备课教学，对学生们的关怀也无微不至，但和公立学校相比，教学水平有明显距离，这让项目团队对新公民学校的未来产生担心。

为了提高学校的教学水平，新公民中心开始推动学校建立校董会。在徐永光和新公民中心的四处游说和推荐下，一批社会名流纷纷加入，两所学校各自拥有了"阵容豪华"的校董会。同时，新公民学校的治理结构也进行了相应的调整，改变过去的创办人校长负责制，采取校董会领导下的校长负责制，新公民中心并不承担管理角色。

新公民学校像一辆一直在乡村公路上摇晃前进的汽车突然被引上了高速公路，在急速的环境变化中，不得不加速向前驶去，但飞驰的理想却在不完美的现实中遇到幻灭。

由于校董会的董事们都是社会名流，自身日常工作繁忙，难以真正拿出精力参与学校治理，这使应负管理责任的校董会事实上形同虚设，学校的实际管理权落到领薪的董事长或执行董事个人身上。理想中科学民主的管理机制，跌回到个人掌权"家天下"的原始状态。

但此时的"家天下"毕竟已经不同于往日一言九鼎的"家天下"，南都基金会、新公民中心、校董会这些外部力量的介入打破了学校内部原有的权力结构，并积蓄着越来越强的张力。

新公民学校运营一段时间后，董事长和执行董事、执行董事和校长、校长和教师之间时而暴发矛盾冲突。每有冲突，各方都会来找新公民中心或南都基金会讨说法，原因很简单：毕竟钱是新公民项目捐的、学校是新公民项目授牌的、董事会的人是新公民项目找的、管理方法是新公民项目定的，出了问题当然也要找新公民项目来解决。发展到后来，甚至一个老师离职、校长和村里人吵架、校长和老师冲突……都要让新公民中心投入巨大的精力来解决，但局面往往难以调和。

校董会制度从理想的云端坠落到坚硬的地面，不堪其扰的新公民中心转变策略，寄望于找到一个好校长来解决问题。

2008 年 2 月，新公民中心解散了一所新公民学校的校董会，并调来另一所新公民学校的执行校长担任代理校长。"空降"的代理校长开始工作认真，在教学上也有所建树，但不久后，新公民中心发现日内瓦捐给该校的 10 万元捐款被挪用他处，他还聘用自己父母在学校任职并给予高薪酬，滥发奖金。

后来，新公民中心又通过全国招聘找到一位"有理想有情怀"的校长，他却在刚刚上任两天后就拎着箱子回到南都基金会办公室表示"干不了了"，原因是副校长威胁他"你要再干下去的话，我们不能保证你的安全"。

另一所新公民学校的问题不久也浮出水面。在成为新公民学校之前，学校及其创始人在打工人员子女教育领域就已经吸引了很多社会关注，学校获得的社会捐赠也越来越多，但新公民中心发现，许多捐赠给到学校后都不知所踪。而在获得大量捐款的同时，学校却对外始终宣称处于负债情况……在证实一系列事件后，经过数度沟通协调，新公民中心最终使该创始人全面退出学校，并签订协议以明确在指定时间内偿还学校的借款。

缺乏有效管理和监管机制的背景下，新公民学校在相当长的时间内出现了人才荒，校长换了一任又一任，却始终在"找到一个信任的人—失望—换一个可信的人—再失望"的循环中无法摆脱。

多年后，王海光回忆："（这些合作的打工人员子女学校）原来办的是'私人作坊'，（新公民计划的介入）把他们的模式弄没了，我们是满足了教育的需求，可是这所学校原本对创办人来讲既是做教育的事业，也是他营利的事业……（新公民计划介入后）把他事业搅了，自己不能当家做主了。"

在两所新公民学校此起彼伏的事件风波中，2008年2月29日，南都公益基金会第一届理事会第三次会议在京举行。会议召开前，理事会一行前往两所新公民学校进行考察，并与其他几所有合作意向的学校进行了洽谈。

面对学校挂牌仅半年就屡历波折的情况，徐永光在向理事会汇报工作时坦承新公民计划"是今年和未来长期的工作重点和难点"。

南都基金会新增补理事、新公民中心理事长程玉则在这次会上提出了项目调整建议：由于"高软件、中硬件、低学费"的承诺尚未实现，"高软件"领域工作滞后，建议南都种子基金向软件方面倾斜（旨在提升教育质量的资金投入，如：教师聘用、薪金/奖励、教师培训、教学软件等），控制硬件投入比例。

同时，在看到校董会管理制度的弊端后，程玉建议：转换新公民中心的工作角色定位，从现有的直接担任举办人、控制校董会、直接派出财务的直营模式，转变为品牌管理经营模式以及加盟连锁的发展模式，制定新公民学校筹建和挂牌标准，面向社会招标选拔合格的举办人，实行举办人负责制，中心向学校输出理念、标准、资金和资源，提供服务，并进行评估和监督。

程玉的建议得到其他理事的认可。理事长何伟表示，"新公民中心在保证非营利性与公开性的前提下，可以对学校管理采取更加开放的姿态"。赵亦斓、林旦和王海光也对这一方向表示一致认同。

理事会同时也要求秘书处"在新公民学校筹建对象的选择上需慎重"，应加强前期考察评估工作，扩大选择范围，在已有申请意向的学校及举办者中进行更深入的调查评估，从中筛选出最优秀的举办者进行合作。

但原有的问题依然没有得到有效解决。南都理事会一届三次会议半年后，一所刚刚挂牌月余的新公民学校再次陷入管理层的混战。最终的结果是解散校董会，新公民中心全面接管学校。这一举措让新公民中心被迫从项目资助方彻底变成项目执行方，由助学者彻底变成了办学者。

与此同时，新公民中心的人事也一直在动荡中，数任总干事或因精神压力过大，或因看不到希望，或因无法解决问题而离任。整个新公民计划似乎掉入了一个"永远选错人"的魔咒，深陷在"好的留不住，差的送不走"的窘境。

与层出不穷的人事纠纷同样难以破解的另一个难题，是无休止的资金注入。

教育本身就是高投入行业，在没有"新公民计划"介入时，由于学校都属于私人建立且收益在个人，各项支出一直采取能省则省的态度。但随着"新公民计划"的合作介入，历任校长或者学校负责人都认为学校有理由获得全面彻底的改造，而"新公民计划"始终没有对什么是合格的、规范的"新公民学校"有一个明确的标准。于是，无论是硬件还是软件，各种以建设一所优秀打工人员子女学校为理由的需求纷纷涌现，任何一项需求都被冠以难以否定的价值和意义，让南都基金会难以拒绝。新公民学校仿佛成为不断吸纳资源的"黑洞"。

项目发展中另外一个不符合预期的现实是：在南都基金会不断"输血"的同时，政府和民间对新公民学校的反应并未如徐永光之前判断的一片热情。

在打工人员子女教育问题上，由于此前政府已提出由流入地公立学校接收解决的办法，因此，对教学设施简陋、教学质量不理想、管理混乱的打工人员子女学校，从政策准入上政府始终难以"网开一面"，绝大多数仍处在无法获得办学资质的灰色地带，整体政策环境依然严峻。

由于在政策层面缺乏正面肯定，许多打工人员子女学校难以稳定经营，加之有些学校管理不善，也使得企业和公众都没有呈现出踊跃的捐赠热情。

种种现实境况的压力下，南都基金会和新公民中心在项目中的角色定位，也慢慢发生了变化，由设计中的项目资助方变成了项目执行方，由设计中的项目管理者变成随叫随到的"救火队员"。

┌─ **※ 理论映照 ※** ─────────────────┐

　　如果能够通过各抒己见促成对所讨论问题的全面而共同的理解，你就创建了团结奉献的局面。有一句非常古老的格言——来源于亚里士多德的思想并成为早期基督教堂的座右铭：维护团结、言行自由、互相信任。信任需要各抒己见、开诚布公和胸怀坦荡。这对非营利组织尤为重要。正因为大家都献身于美好的理念，非营利组织比企业更容易导致内部冲突。不同意见并非仅仅表示你我意见的分歧，更是你我对组织信仰和理念的高度忠诚的一种对比。因此，非营利组织必须特别留意避免陷入长期纷争和互不信任的困境，对不同意见必须开诚布公并认真对待。

　　　　　　　　　　——摘自彼得·德鲁克，《非营利组织的管理》

└──────────────────────────────┘

第三章

新公民计划

理想与效率的碰撞

几所新公民学校接连陷入资金黑洞的残酷现实，让周庆治等主要出资人不得不重新对项目进行评估。在对周庆治的访谈中我们发现，他会用"企业并购""国企改造"来类比"新公民计划"的实施策略，他一直在用经营企业的思维去审视公益项目的运作。这与为实现"教育公平"而执着的徐永光，还有为追求"教育创新"而奋斗的程玉形成鲜明对比。

于是，企业家的效率主义与公益人的理想主义发生碰撞：后者认为要迎难而上，前者却主张知难而退。"新公民计划"就这样在理想与效率的撕扯中进退失据。

徐永光不甘心，一定要找出路。终于有一天，他以为找到一条通过与政府合作办学来挽救新公民学校于水火的"第三条道路"。徐兴冲冲地带着秘书处团队与部分理事讨论到夜里 11 点，为的就是能在第二天的理事会会议上顺利通过对一所新学校的 200 万元资助。但没想到，"第二天理事会讨论来讨论去，最后还是被否了"。虽然后来又经徐永光几番努力方案终获通过，但当时的他有所不知，最终的通过并非出于认同，而是出于周庆治对这位老朋友的"迁就"。

而且，正是这个徐永光以为能带来转机的"第三条道路"，让周庆治向决定中止项目的方向又迈出一步。周庆治认为，"与政府合作办学"的模式与南都"支持民间公益"的初衷背道而驰。

这一次，康晓光站到了周庆治的一边，旗帜鲜明地反对徐永光和程玉，主张尽快中止"新公民计划"。有趣的是，周庆治却没有在第一时间就和康晓光站到一边。

在主要出资人周庆治那里，矛盾往往以调和告终——他会降低资助，但不会贸然中断资助。这看起来似乎又有点不顾效率，但背后，或许正是出于那份最根本的对草根组织的价值追求。

"新公民计划不是希望工程"

尽管"新公民计划"在项目执行之初就遭遇诸多挑战和困境，但知名度却因徐永光一句"十年建起百所新公民学校"的豪迈宣言而声名鹊起。当时的民政部部长李学举到南都基金会考察，了解到"新公民计划"的构想时，赞扬其意义不亚于"希望工程"。姚晨、王珞丹、佟大为、关悦等明星也先后到新公民学校进行过探访，伴随着媒体传播，"第二个希望工程"的说法在社会上一时传为佳话。

"新公民计划"从设计伊始，就让每个投入的人感受到强烈的使命感。关注解决农民工子女教育问题，能有什么问题呢？

彼时，全力投入其中的人也无暇多想。何伟回忆说："对南都基金会来说，在开始做新公民项目的时候，只是一个朦朦胧胧的方向，并没有很细致的设计。（大家）没有想好或确认这个项目到底怎么做、做什么，就开始做起来了。"

"一开始所有人、包括我都觉得'新公民计划'很好，永光长期关注农民工人员子女教育，大家相信他，我也没认为有问题。"多年后，康晓光回忆。

但在项目进行了差不多一年左右，康晓光再次选择"反对"。这次他反对的，是当年自己支持过的"新公民计划"。

项目启动后，康晓光担任一所新公民学校理事，但只开了两次理事会，他就感觉到不对："管理非常混乱，要账没账，支出随意。"与此同时，康晓光开始有意去了解打工人员子女教育教学行业，这一了解，让他看到了这个行业的复杂性。

"（打工人员子女学校）基本都处在城乡接合地带，很多学校没有办学资质，但却能做到动辄招几百上千学生，通常一个孩子一学期才收五六百块钱，但学校出资人一年却能挣五六十万。这是怎么做到的？显然是靠无底线地压低成本啊！这种关乎孩子健康、安全的风险极大的项目，普通人谁敢碰？能做这事儿都是什么人？"康晓光问。

为了回答自己的疑问，康晓光决定带着学生到打工人员子女学校进行探访。呈现在他们眼前的，一方面是显而易见的各种隐患，比如电线随意拖在地上，没有安全消防设施，面积狭小、黑咕隆咚、卫生条件极差的食堂；另一方面则是更大的隐忧——只想挣钱的学校创办人。康晓光以其中一所新公民学校举例说："工作人员全是创办人家的亲戚，新公民中心的人要查账，学校这边总会找出各种理由推脱，比如会计辞职跑了账本没了，但如果新公民中心的人提出操场不好、老师工资低、食堂不卫生等问题时，对方马上借势要钱，钱一花完马上再来要，问题解决不了却有各种借口，但要钱永远只有一个理由——为了孩子。"

康晓光意识到，项目出错了，而且是大错。

而之所以一个错了的项目可以走这么远，康晓光的分析是："出资人对永光特别信任，觉得永光是这个行业里面的第一名，所以就放心让永光去做，关注和参与也不多。唯一一个算懂一点行也具体接触这个项目的，就是程玉，但她那时还不是基金会的理事，算是朋友来帮忙，所以也没有全部投入到研究和管理这个项目中来。所以，一年以后我觉得这个有问题了，绝对不能这么做了，必须立刻刹车。"

康晓光对基金会理事对项目执行"关注和参与不多"的观察，被新公民中心首任负责人刘文华的一些评价所印证，刘文华曾说："南都的理事会在我所知道的基金会当中，无疑是最开放的，也是最好的。但是，我们这些一线负责人的意见似乎还不太被理事会重视。"

随着"新公民计划"的开展，多所新公民学校陆续出现财务混乱、支出随意性大、外部监管无力、校董会筹款能力弱等一系列问题。

康晓光向理事会提出必须马上停掉项目，他认为："我们对打工人员子女学校完全不了解，不但不了解，甚至完全是反其道来操作这个项目"，"徐永光以为自己在做希望工程，所有人都这么想，实际上新公民计划跟希望工程没任何关系，希望工程对新公民项目没有任何可借鉴性。新公民计划不是希望工程！"

"新公民计划不是希望工程"——康晓光毫不客气地道出了这个些许意外和残酷的事实。"希望工程是'助学'，一个运行良好的学校已经存在了，孩子没书本或者是校舍不遮风不挡雨，那你去送个课本、翻修个房子，那是希望工程，那是永光擅长的事情。但现在南都变成了'办学'，那就不是原来的东西，不是原来项目的简单延续，也不是对以往经验的一个借鉴，不是永光擅长的东西，也不是我们这个机构擅长的东西。我们是基金会，我们是支持公益事业的，我们不是办教育的，办教育不是我们的长项。新公民计划把'助学'变成了'办学'，南都基金会出于对这个领域的误解做了一件自己完全不擅长的事情，而且越陷越深"。

但与第一次反对的境遇不同的是，康晓光的这次反对非但没获得全票通过，反而孤掌难鸣。

"其他理事都不认可我，包括周庆治在内，都觉得这个项目跟别人说起来，大家都说好，给农民工子女办学，这有什么错吗？"康晓光回忆。

康晓光锲而不舍地据理力争，几次理事会上，他甚至不惜以人身攻击的方式要求彻底停掉新公民学校项目，但徐永光和程玉仍然在坚持寻找着项目调整、转型的办法。

两种截然相反的观点最终都会汇聚到主要出资人周庆治那里，然而，周庆治并没有立刻表明倾向，往往以调和告终。

随着康晓光坚持不懈地说服、解释、投反对票，加上项目一次次遇挫的现实，周庆治慢慢理解并认可了康晓光的判断。但与康的言辞激烈不同，周的表现更为温和，没有将项目全盘否定，而是不断对项目提出要求，同时提高对资金使用的谨慎度。

多年后周庆治的回顾也部分印证了康晓光的判断："我们开始（对新公民计划的项目）论证得还是不够，以为会有一大片 NGO 愿意做农民工子女教育，可以很快跟我们形成一种合力，但在执行过程当中发现，几乎没有成熟的 NGO 来做这个事情。因此，新公民计划走到那一步的时候，我感觉到有一点问题了。但是我们的目标已经提出来了，媒体也高度关注跟踪进来，这个时候我们怎么办？当时感觉还是'收购'吧，收购一些学校什么的。实际上做过企业的人都知道，收购比自己做难度更大，因为只有自己做过这个东西，在有能力、有团队、有经验等前提条件下，收购才可能成功，否则，就可能碰到大量的人的问题、财务的问题、管理的问题。新公民学校的收购难度是超过我们想象的。这个项目从'助学'做成'办学'，我感觉到揪心。收购一两个已经一大堆问题，以后收购10个、100个，这个包袱大得不得了……"

2008年8月21日，南都基金会第一届理事会第四次会议在北京举行，在这次会议上，理事会责成秘书处在与新公民计划申请方签订协议之前必须对项目进行实地考察。

"会议决定，从2009年开始，在项目提交中评之前，由秘书处对项目进行实地考察，或委托第三方机构进行。如考察结果与实际情况不符，不予审批。"①

康晓光说："庆治的风格比较温和，我主张一刀砍掉。其实庆治很明显是站在我这一方的，但他的表态就是'和稀泥'，说'反正也不是坏事嘛，可能不是我们最应该做的事，但是做了也不错，就这么着吧'。庆治是个非常有胸怀的人，他有他的角度，他毕竟是出资人，

---

① 此格式内容均出自理事会会议纪要等南都公益基金会官方文件，全书以下同。

如果太过（强硬），他会担心其他独立理事觉得'你有几个钱怎么了，我们又不挣你的钱，我们都在这里义务劳动'，所以他非常小心。"

康晓光后来的经历再次验证了周庆治的这种温和与胸怀。

在南都基金会后来推出的"银杏伙伴计划"的第一次发布会上，一位候选伙伴在发言时以阶级斗争思维表达了对"资本家"的不满，作为出资人的周庆治有些诧异，坐在旁边的康晓光劝他"包容点儿""忍着点儿"。

"庆治真行，没吱声。后来再遇到类似情况，庆治基本上都不吱声，这一点真不容易。他还是非常有涵养的。"康晓光说。

虽然以周庆治为主的出资人们没有同意彻底停掉新公民学校项目，但大家都心知肚明：项目转型势在必行。

"永光要做，我也就迁就了，让他先试试看"

民间公益学校能力薄弱，自己操刀办学也行不通，就在"新公民计划"的发展陷入茫然之际，一份来自银川的项目申请，引起了徐永光和团队成员的注意。

随着银川市的迅速发展，农民工子女的就学压力越来越大。尽管政府想方设法挖掘公办学校的潜力接受农民工子女，甚至造成了严重的"超额班"现象，依然有大量的农民工子女无法进入公立学校。因此银川市政府方面在了解到"新公民计划"项目后，觉得这个模式为政府解决农民工子女入学问题提供了可能的解决方案，希望能展开合作。

地方政府主动抛来橄榄枝，这让徐永光眼前一亮，与政府合作建新公民学校，这或许是未来新公民学校可以尝试的第三条路——政府通过财政投入承担主要责任、社会通过民间捐款负担一部分资金、家长通过缴纳一定费用弥补资金不足。三方共同承担办学义务和责任，实现政府—社会—家庭三驾马车合力齐驱的愿景。

这其实是徐永光在中国青基会时就怀有的美好愿意，可惜并未如愿。事隔几年，这次银川政府主动申请与新公民计划合作，让徐永光意外地看到第三条道路重新启动的希望。

"新公民学校的实践刚刚开始，在探索过程中还有很多困难。但是在这么短的时间里已经被地方政府看好，他们接受这个品牌，认为这条道路可以帮助政府解决农民工子女教育的困境，愿意用公共教育资源来支持民办的公益学校，这在中国非常难得。"徐永光不无激动。

2008 年底，南都基金会理事会审议通过了这个申请，并与宁夏回族自治区政府达成协议，南都基金会将捐款 200 万元，自治区各级政府将配套 2000 多万元，共同建立一所新公民学校。

2009 年 2 月 24 日，理事长何伟和理事杨晓光代表理事会赴银川考察新公民学校建设进展。由于没有从杭州直达银川的飞机，两位理事早上 5 点多钟即从家出发，乘 7 点多的飞机，飞机先辗转至西安，最后 12 点半才到达银川。

在银川教育部门人员的陪同下，两人考察了银川的两所打工人员子女学校。两所学校条件十分简陋，有的孩子没有椅子，只能站着上课；有的班级课桌不足，3个孩子共挤一张桌子，无法做笔记；班级超员现象严重，教室通常第一排学生桌子靠近老师的黑板，老师板书都需要挤进去，更别说拥有一张讲台了；教室最后面的学生贴墙而坐，后门完全被堵死，无法通行，一旦发生火灾等意外，后果不堪设想。

在一个班级，杨晓光认真数了数学生人数，发现有近70人。校长介绍，按照规定，一个班人数不得超过45人，超过45人应该分班。可是学校没有条件，班级超员现象严重。

看完打工人员子女学校，两人又去考察了新公民学校选址地。新公民学校占地面积70多亩，位于打工人口集中区域，将来可以解决近2000名流动儿童的上学问题。考察中，银川市教育局、兴庆区政府有关方面表示，银川当地政府各部门将配套解决南都公益基金会200万资金之外的各项支持，以实现帮助农民工子女上好学的愿望。

与此同时，徐永光在自己的家乡温州也推动与政府合作办学的模式。2008年底，徐永光先去温州进行了考察和访谈，随后又有理事再度进行考察。但在项目计划书提交理事会后，各位理事始终无法达成一致意见。

2009年3月10日，南都理事会一届五次会议在北京举行。会议前一晚，为了顺利通过对温州新公民学校的200万元资助，徐永光带着秘书处团队与周庆治等部分理事会成员讨论到夜里 11 点。没想到，"第二天理事会讨论来讨论去，最后还是被否了"。

理事会当天会议决定：

"今后新公民学校工作的重点应该以现有几所学校为平台，探索新公民学校的教育教学模式，把这几所学校办好，办成示范学校，形成新公民学校的教育品牌。未来，新公民学校的发展应该以输出新公民学校的理念和教育服务为主，以品牌管理和服务提供的方式，推动新公民学校的发展。"

理事会表态再明白不过——"百所新公民学校"的远景被按下暂停键。

虽后经徐永光几番努力，温州的新公民学校获得通过，但当时的徐永光有所不知，这个通过并非出于认同，而是出于周庆治对这位老朋友的"迁就"。

对于与政府合作办学的第三条道路，周庆治并未从内心深处认同："我感觉如果都按这种模式做下去，也就是说我们把资源都投到政府主导下的方式做下去，相当于我们去改造国有企业，这个难度有多大？政府当然是在探索一种新的办学模式，因为我们的介入，这个学校有了民办的身份，一方面能收费，另一方面好像也算是教育模式上的突破，政府有一定的积极性，但很有可能会不知不觉回到政府办教育的老路上，我们最后可能连坚持（自己的）理念都很难做到。这与我们要扶持真正的民间 NGO 并与之共同做事的初衷不一样。但是永光要做，我也就迁就了，让他先试试看。"

第六任新公民计划总干事蔺兆星部分印证了周庆治对第三条路模式的判断，在温州学校酝酿合作之初，蔺曾赴温州探访了二三十所学校，温州一个区教育局的工作人员在与蔺的交流中表示：因农民工子女教育的相关政策不明朗，温州政府在此方面做法"太激进也不合适"，所以就探索与民间机构合办的方式以期解决部分问题。"一个学校同时拥有公办、民办两块牌子，未来根据实际情况需要哪块牌子用哪块牌子，银川情况也同样。我个人觉得，这种灵活身份是温州、银川想与新公民计划合作最重要的原因。"

多年以后，回望周庆治这份"迁就"，程玉感受到的则是周庆治的包容智慧——"其实庆治很多东西都明白，他明白自己要接受一些不完美的现实，比如说永光不完美，程玉不完美，我们都不完美，但如果我们都'滚蛋'了的话，让周庆治自己来做吗？所以他必须要在这个格局下去想适合这个格局下的事。他这种智慧别人既做不到也很难理解到"。

王海光当时曾到温州进行过项目调研，他之所以支持周庆治，是因为他亲眼看到了周庆治的担忧："我去过温州那个学校。学校原本是区里的一个公办小学，由于当地人口减少，好多当地有钱人孩子都跑到外地去了，60%（的在校生）已经是外来打工人员子女。当地的一位负责人就说，搞这个事也是他们的成绩，南都基金会作为主要资助方出钱，（名义上）从公办学校改成民办体制，实际上还是主要靠教育部门和政府。这就不对了，不符合我们支持民间公益的理念。"

自陈"不太愿意在第一时间跳出来表达尖锐的思想，哪怕有想法也晚一点说"的王海光虽然低调寡言，但态度明确，而且总是面带微笑，说起话来颇有分寸，似乎随时都在照顾旁人的需求。向来苛刻的康晓光对王海光评价甚高："海光是非常明白的人，非常清醒，他可能不爱说话，但是他特别清醒。"

周庆治当年创办南都集团时，几个合伙人都是"新三届"，即"文革"结束、恢复高考后的 1977、1978、1979 级的大学生。王海光虽然比其他人年轻几岁，但和周庆治既是校友，又是同乡，还是从政经商两个阶段都共事过的同事。

王海光的父亲是军人，从小在温州长大的王海光，1979 年参加高考进入杭州大学。大学时认识了同样来自温州的周庆治，两人自此结识。毕业之后两人又先后被分配到了浙江省委机关、省委办公厅，并分别成为两任省委书记的秘书。天性加上做秘书的职业需要，两人有着相似的特质：低调、敏锐、高辨识力、顾及他人感受。

在南都合伙人中，王海光最晚加入。南都集团在全国甚至海外有不少业务和办公室，周庆治通常多地办公，王海光则基本留在杭州的南都大本营，执行"守"的角色。一拓一守，各自心无旁骛，多年来两人配合默契。

康晓光评价王海光在理事会中的角色是"补"："别人能说的他就不说了，等别人都说完了，他会把非常重要的、但别人没说的话说出来，而且他有非常清晰的自我认知，知道自己是出资人的身份，所以说话待人都很客气。"

"你骂他我心里很难受，你不如骂我程玉"

除了温州、银川的第三条道路模式，2008 年，"新公民计划"又新增了从事职业教育的"北京百年新公民职校"。

无论是第三条路模式，还是与职校的合作，都与北京前几所新公民学校不同：温州、银川的"官民合办"新公民学校引入了新公民学校的办学理念，但并不缺少政府的政策和资金支持；而北京百年职校在与新公民计划合作前就已成功创办了几所职校，有自己完善的校训、校规、管理办法和办学班子，因此，合作目的在于解决新建校的初始资金，但在办学理念上仍保持"以我为主"的原则。

因此，虽然银川、温州和北京百年职校的合作都很顺利，但由于新公民中心在合作中主动权有限，项目理念的渗透和输出也相应受到影响；同时，由于合作背景不同，也无法为北京几所新公民学校的困境探索出解决方案，这几所学校仍然陷在原有的怪圈里无法自拔。2009 年春季学期开学之际，北京三所新公民学校面临 80 万元的亏空，而到 2010 年 1 月，三所学校的总缺口高达 160 万元，越"输血"越"缺血"。

刘文华曾在南都基金会成立十周年时撰文回忆："与公立学校相

比，新公民学校那 200 万元预算根本不算钱。教育是非常花钱的，好的教育更是如此。但与大多数打工人员子女学校相比，新公民学校的办学成本又太高了，生存能力太差。我们觉得老师不应该待遇太差，我们给他们涨工资。我们觉得教室、校园不应该那么简陋，我们花钱改造……"

"有的学校没有南都资助之前，他们也活着，获得南都资助之后，怎么就像个无底洞一样，老是亏损，老是要南都再给钱？可是等我们想要换校长的时候，他们却把大门一封，不让新校长进去。终于惹恼了我们，一分钱也不再给了。学校不再是新公民学校了，不再有南都的资助了，但依然活下来了。"

"那时我就想，是不是因为我们的资助，反而让新公民学校自废武功，削弱乃至丧失了主观能动性？我们的资助到底是帮了学校还是害了学校？"

"是帮了学校还是害了学校"的问题，很难有一个简单的回答，显而易见的是，北京几所新公民学校的艰难路径已经很难持续。

投入最高的北京几所新公民学校先后深陷泥沼，第三条道路和职校合作虽然从结果上看同样解决了农民工子女教育问题，可谓殊途同归，但终究无法落地实现"新公民计划"完整的教育理念。"新公民计划"走到了一个进退维谷的地步。

从资源投入上看，从 2007 年项目启动，"新公民计划"项目占南都基金会年资助额的 80%。而"新公民计划"除了资助一些小型的农民工子女教育领域公益项目和志愿活动外，80% 的资金都投入到了新公民学校中。也就是说，基金会每年 64% 的支出都用于建设新公民学校，总资助量以千万计，但效果一直不理想，更重要的是，看不到改观的希望。

在康晓光一次次对新公民学校毫不留情的批判后，接连发生的问题不断成为这些批判的佐证。越来越多的理事认同康晓光的观点，使得理事会中原本势均力敌的"理想主义派"与"效率主义派"失去了平衡，形势明显向有利于后者的方向发展。就连当初写出长篇报告文学《我的课桌在哪里》、非常了解农民工子女上学难的理事黄传会也从"新公民计划"建学校的支持者转变为反对者，认为公益资助模式不适合个体办学者。

时任南都公益基金会公共关系与传播部负责人李玉生回忆，"当时理事会开会，徐永光经常下不来台，包括程玉，更别说新公民计划的那些总干事。场面有些尴尬。"

在项目最艰难阶段担负起新公民中心总干事一职的蔺兆星回忆："那时开理事会会议每次说到新公民计划都是从头被批到尾，理事们会问各种问题：为什么没有做到 A、B、C、D、E？钱花在哪了？有什么效果？新公民学校的价值是什么？到底要不要做新公民学校？而每次只要一说到要不要做新公民学校这个话题，就不可控制了，就争起来了。"

引发理事们集体反对的原因，一方面是通过近两年时间的观察和了解，理事们越来越了解运营打工人员子女学校的难度，另一方面，理事们开始反思这一切是否符合南都基金会做这个项目的初心。

南都自我定位为资助型基金会，要引领行业发展，但新公民计划让基金会由资助型变成直接操作项目——南都基金会的使命是"支持民间公益"，但在自身变成办学者的过程中，如何体现支持民间？办学需要高投入，一个学校少则几百万，多则上千万，这样的投入让南都基金会的资源有效配置也面临挑战——做新公民计划的目的是什么？是公益机构越俎代庖替政府做义务教育，还是推动政府从政策层面解决这个问题？

王海光认为，"当时我们办到七所（新公民学校）的时候，已经引起了足够的社会关注和认知，我们就应该把这种关注认知转化为（推动）政府政策的调整，这才是我们应该做的事情"，"但永光说过一个口号，他想在三年内办 100 所（新公民学校），这句话说出去了就要兑现，所以他也在自圆其说，为自己兜一个底。永光想，南都出不了那么多钱，大不了我自己想办法去筹钱。但即使这样，南都也不可能提供（既有的）大部分投入了"。

"这是他延续'希望工程'模式的一个思路，他善于抓亮点、抓眼球，所以他很希望像青基会催生希望工程一样，通过新公民学校和新公民计划引起媒体和政府关注……这个逻辑对他影响蛮深的，所以他的行为上就表现出这样的特征。"王海光说。

事实上，2008 年汶川地震发生后，南都基金会已经在一些行业引领方向上做了一些探索和调整，比如支持资深公益人吕朝做公益孵化器，和民政部民间组织管理局开展秘书长培训，举行非公募基金会发展论坛等，徐永光的工作思路已在调整。

尽管新公民计划在理事会频繁遇到挑战时，程玉往往会持和徐永光相近的立场，力图推进项目，但两个人的心态并不相同。徐永光觉得项目仍然可做，而程玉更多想的是，不能辜负了那些老师和孩子。如果说徐永光是"不甘"，那么程玉更多的则是"不舍"。

在"新公民计划"推进不力时，程玉曾选择长期驻扎在其中一所学校，和老师们同吃同住。与其他理事相比，程玉对一线项目执行人员和受益人有着更为直接而深切的体察和同理心。

多年后，谈到这段经历，一贯理性冷静的程玉仍然忍不住落泪："批评起来是很容易，但如果你去看看那些老师过的什么日子，他们上的什么厕所，他们每天吃的什么，他们怎么在冬天用冷水洗手洗衣服，你不会没有感觉的。面对他们，你不能说因为开始没想好（这个项目怎么做），所以现在我们不做了。不能说基金会开始没想好、发展不好就不要人家了，对不对？"

因此，每当康晓光在理事会上不留情面地批评蔺兆星，程玉的心里都不好受："这个机构所有的人都是你们（指南都基金会管理层）请来的，不是兆星要做这个事情，是你们要他做这个事情的……你骂他我心里很难受，你不如骂我程玉。"

2009 年 3 月，南都理事会一届五次会议在肯定"新公民计划"价值的同时，决定逐步压缩项目。

"理事会决定，在南都的整体战略规划中，资助支持新公民教育和社工发展方面投入的比例开始下调，从最初的80%减少到45%，并计划三年之内继续缩减到30%。另外两大战略板块——非公募基金会发展论坛、慈善导航行动等促进行业发展的宏观性项目和公益明日之星（即后来的'银杏伙伴计划'）、资助民间组织等战略性项目，所分配到的资金和资源将从过去的20%逐渐增长到70%。"

徐永光和秘书处最终接受了这个决定。

南都基金会创办后，回归民间的徐永光经常"被否定"，作为中国公益界的领军人物，这是他此前从未有过的经历，但徐永光似乎从不忌讳与外人分享这些经历。

在南都基金会第一届理事会第五次会议上，徐永光又一次因新公民项目遭遇理事会的全体否定。第二天，列席会议的基金会顾问、原朗讯中国区总裁叶祖禹给徐永光打来电话："永光，昨天过得很艰难啊！我想过来看看你，你需要我陪伴一下吗？"这位温文尔雅的台湾人的体贴令徐永光深为感动，他说："祖禹兄，没事啊！否定我，正体现南都基金会理事会治理的力量，这是基金会的核心价值所在。"

即使如此，面对自己倾尽心血数年的"民间希望工程"遭遇如此否定，而且是整个理事会的全盘否定，徐永光内心的复杂感受，恐怕任何人都难以感同身受，尤其是当他回想起自己在2008年2月29日南都理事会一届三次会议中的发言。在那次会议中，副理事长兼秘书长徐永光曾信誓旦旦地表示：

"要坚定不移地把打造城市新公民的目标进行到底，坚定不移地走中国非公募基金会的标准化道路，充分发挥理事会作为最高权力机构的作用，率先突破中国 NGO 的治理困境。"

尊重理事会的决议，是"突破中国 NGO 治理困境"的必由之路。

"可行性报告"，还是"可行的报告"？

屋漏偏逢连夜雨。就在"新公民计划"因内部角力而"骑虎难下"时，外部政策环境也在变得对"新公民计划"非常不利。

2011 年 6 月起，北京市大兴区、海淀区、朝阳区的近 30 所打工人员子女学校因为种种"安全隐患问题"被叫停，部分新公民学校也被波及。尽管南都基金会工作人员"秉持最大的诚意，努力与有关方面进行沟通"，也未能改变结果。希望工程的光环、民政部部长的肯定、教育公平的大旗，都没能改变北京的几所新公民学校的命运。

这种因为政策变化而带来的雪上加霜，让程玉感到的是无尽的痛心。"2009 年杭州的理事会会议上，晓光提出战略回顾的动议，得到理事会通过。我也因此被安排参与战略调整工作，于是对新公民计划的工作又隔了一层，而且是越来越远了。"程玉提起这段经历，声音低沉而落寞。

从理想回归到现实，程玉清晰地看到打工人员子女学校的各种"苟且"，也开始深刻反思公益的有效性。"我们不应该去回避'公'也有弊端，即便是公益的'公'"，"过去两年的挫折和教训使我们认识到：没有健全的'问责'，就没有发达的'公益'。"2009年11月13日，时任南都基金会副秘书长的程玉在南都理事会一届八次会议上这样表示。

三年后，"新公民计划"在南都理事会二届三次会议上再次遭到康晓光发难，加之新公民学校历经的数个风波，程玉再一次进行了深刻反思。这一次，她把"手术刀"对准了自己。在程玉2012年11月19日向徐永光、刘洲鸿和刘文华发出一封长近7000字的邮件中，她不留情面地称"这绝对是我无论作为一个研究者还是一个咨询工作者十分不光彩的一个记录"：

> "我们为办新公民学校的'可行性'研究其实只是'可行的'研究，我们是要证明一个已经决定了要去做的事情是可行的，我们只是把它合乎逻辑地包装了一番，而对于'可行性'我们却没有真正去研究。比如说，NGO作为办学者，是很关键的一个设计环节，只有透过他们办学，南都才可以通过资助的形式，既支持了民间公益，同时又关注了农民工子女教育这样一个社会转型期的重大问题。可是对于这样一个关键环节，我们有没有认真探索其可行性呢？在我印象中，就NGO的合作意向并没有做什

么严肃的调查，即便是有几个NGO（如红枫、北京青基会、真爱）曾在早期有过兴趣、意向或一定的尝试，我们既没有在把这种NGO办学模式中双方权利／义务等概念陈述清晰的情况下与NGO探讨合作意向；也没有认真调查现有办学的种种情状，我们对于办好民办学校所应具备的条件以及能力一无所知，也因而无法考核能够承办学校的NGO的资格；我们没有（也无法，因为没有评审依据）对愿意并且能够承接这一项目的NGO数量进行摸底；最后，我们所提出的一所学校的种子基金为200万元是没有事实依据的。事后，当理事会十分大度地接受了我们后来从'资助型'转变为'操作型'是因为'没有想到现有的教育NGO能力如此弱'，其实，我的心里是很愧疚的……"

2009年至2012年间，北京的新公民学校先后拆迁关闭；温州和银川的两所新公民学校，在完成捐款和办学理念输出后，合作关系逐步转变为小额教师基金等项目支持模式，后期随着项目支持不再倾斜，两所学校也逐步更强调自身的公办学校身份，便与新公民计划平稳"脱钩"；而百年职校中的新公民学校，也在发展步入正轨后与新公民计划友好地"各奔前程"。

"2019年我在网上看新闻，银川那个已经不挂新公民学校牌匾的学校在写自己的建校史时，还提到了自己的新公民学校历程，可见，对方对这段历史还是很认可的。"多年后，已经离开了新公民计划的蔺兆星说。

2012 年后，新公民学校在南都基金会的历史中正式落幕，但"新公民计划"仍然保留，通过开展"流动儿童图书馆"等支持性项目继续关注打工人员子女的教育问题。

多年以后面对我们的采访，程玉已经能够十分平静地说："（投资新公民计划）从根儿上就不是解决这个问题，也不是使用公益资金的最好方式。办学校是非常错误的一个选择，因为办学校绝对不是一个（基金会的）团队能做的事情，每一个学校都是一个团队，没有一个能够成功的学校是可以复制的，这真是一个很不简单的事情。另外，打工人员子女学校的确是高风险行业，因为它受制于各种条件，比如政策的变化，还有，甚至几个地痞流氓都可以让它滚蛋，所以（办学校）这里头有很多灰色成本我们是看不到的。"

程玉心里还有另外一重遗憾——自己和徐永光经常共同面对理事会的责难，但其实自己与徐似乎一直没有达成真正的一致。虽然同样是为了解决流动儿童的教育难题，但在项目实施中程玉发现，两人对项目目标有着不同的理解：徐注重"教育公平"，目标是让更多孩子有学上，所以更希望通过各种途径去扩大学校数量的规模；而程强调"教育创新"，注重的是去了解孩子们的需求、提供好的教育。一个追求"有学上"，一个追求"上好学"，这一从未公开讨论的分歧，也让两人在对项目投入上，无法形成步调一致的合力。

新公民计划是程玉进入公益行业的第一课，这一课让她的内心充满遗憾、愧疚还有诸多没有答案的思考。

其实遗憾、愧疚的，又何止程玉一人。即使其他理事无法像程玉那样感同身受，也同样经历过内心的纠结。王海光说："（无论）上虎背和下虎背的感觉，实际上都充满了忐忑、彷徨、痛苦、纠结。"公益组织的存在，就是直面和寻找政府和市场无法解决的社会问题，从这个角度来说，这是一项更为艰辛的事业，也必然要承受更多的煎熬。

"新公民计划"作为中国最早的民间基金会为解决重大社会问题所探索的早期项目，为南都基金会自身的成长和中国基金会行业的发展提供了极为珍贵的教材。康晓光认为，正是通过"新公民计划"，让南都基金会这些有情怀、价值观高度一致的理事们开始了对公益领域的深入实践和学习，也让理事会成长为一个更加专业化的管理机构。

2017 年基金会成立十年之际，南都举办过一次回顾总结活动。"新公民计划"成为每个机构参与者回忆中绕不过去的重要经历。

刘文华用"落荒而逃"形容当初离开风波不断的"新公民计划"时的状态。十年后，刘文华充满了假设，如果选择其他方法，"新公民计划"会不会更好？

在最艰难时期加入"新公民计划"的蔺兆星陪伴了项目最长的时间，但直至 2017 年离开，他的内心仍然存有遗憾，他期待"新公民计划"最终成为南都孵化出的一个独立机构，去实践和完成自己的使命。

程玉回顾"新公民计划"时说："我们每个人都从中学了很多东

西。我们不能用对错来判断这个项目，因为这件事本身确实是转型期阶段重大的社会问题，不能说南都基金会失败了，因为这个问题直到今天也没有很好地解决。"

2018 年年底，新公民计划后来的总干事魏佳羽在《流动儿童问题的解决之道》一文中说，中国留守儿童与流动儿童的数量大概有 1.03 亿，在融解这座巨大冰山的过程中，希望"有更多的孩子能够从留守的状态转变成为与父母一起生活的流动儿童"，因为在父母的陪伴下成长、接受教育是我们讨论流动儿童和留守儿童问题的基本前提，这就需要让孩子们不管在哪里都能获得公平地接受教育的权利。

图 3-1　第一届"新公民园丁奖"颁奖典礼（左一为徐永光）

这一切，正是新公民计划未曾改变的初衷、继续存在的意义和重装上阵的方向。

─── ※ **理论映照** ※ ────────────

　　非营利组织的管理者必须对目标及时进行审核、修正和系统的扬弃。使命是永恒的，并且可能是上帝指定的，而目标则是短暂的。

　　非营利组织没有所谓的"损益"，它们往往会认为所做的每件事都是公正、合乎道义并服务于美好理想的，因此，即使没有达到预想的结果，也不愿意考虑是否应该把资源用到其他更合理的地方。非营利组织可能比企业更需要在运作方面进行合理的取舍，需要大胆面对重要抉择。

　　非营利组织总觉得几乎不可能放弃任何事情，他们所做的任何事情都是为了"上帝的使命"或"美好的理念"。但非营利组织必须区别道德理念和经济现实。道德理念是绝对美好的。布道者已经同私通之类的不道德行为斗争了五千年，可依旧一无所获。但这只能证明人类本身的邪念是多么的根深蒂固，一无所获只能表明还需要加强努力，这是追求道德理念所必需的。但从经济现实而言，就应该问一问：这是我们稀缺资源的最佳用途吗？有这么多的工作有待我们去完成，应该把资源投向能够产生成效的地方，我们负担不起持久不懈地追求这一类无法取得预定成果的正义事业。由于坚信我们所做的一切都合乎美好的道德理念，因此，不管能否达到目标都应该坚持到底，这对非营利组织的管理者，尤其是其董事会而言，是一个长期存在的诱惑。但即使理念本身是合乎道德的，最好还是以能取得成果的方式来追求理想。要追求的美好道德理念是很多的，但我们能够用来追求道德理念的资源总是有限的，而且非营利组织对其捐赠者、客户和员工都负有责任，所以应该精心合理地分配其稀缺的资源来有效地达成目标，而非为了正义的事业一掷千金。

非营利组织容易过于专注内部事务。组织成员对其所做事情的正确性容易过分自信，对其所追求的理念容易过度投入，从而把组织本身当作追求的终极目标，这就犯了官僚主义的毛病。这样的话，组织成员就不会反思：这件事情有助于组织使命的实现吗？他们想的是：这件事情符合我们做事的规则吗？这样的话，不仅会影响组织绩效，还会摧毁组织的远景理念和奉献精神。

——摘自彼得·德鲁克，《非营利组织的管理》

治理与管理是两个不同的概念。对基金会来说，治理是理事会的功能，而管理是秘书处的责任。治理强调制度性安排和策略性思考，目的是确保组织及其资源管理具公信力和高效率；管理是一种执行过程，通过指导工作以确保员工和资源能发挥最大作用、实现组织目标。

——摘自程芬，《治理宝典——中国基金会理事会工作手册》

※ 行思回顾 ※

新公民学校项目反思*

程玉

（2012 年）

在上次的理事会上"新公民"再次遭到晓光的发难、M 学校的关门、X 学校换校长的风波、永光鼓励我们反思，这一切都令我在成都的静修中静不下来，为了能够"放下"，我觉得有必要把这些年我经历、感受、思考过的点滴做一下梳理，交给我们一路走来的同道，也许对我们的未来有某种借鉴或启示，也许仅仅是一种我们之间的分享，与我而言可能更多的是求得解脱。

零七年六月三日晚在亚信创始人丁健家里开 Party，我当时正在做新公民学校的"可行性研究"，我便向大家简单介绍了一下这个项目，席间有一位姓崔的朋友对这件事情很不以为然，他提出两点，第一，这不见得是件好事，因为，我们办学可能会对现有的民办学校不利，而现有的民办学校需要的是支持，而不是竞争，对此，我反驳说，我们的设计就是要挤垮那些"四低"的学校，让继续生存的民办学校向高质量的方向求发展；第二，他说你们的钱办学解决不了多少问题，不是使用资金的最有效方式，办教育应该是政府的事，你们的钱用来

---

* 这篇文章是程玉在 2012 年 11 月 19 日给徐永光、刘洲鸿和刘文华所发的一封电子邮件内容的选摘。因文章涉及对多位当事人的评价，故对部分人名进行了处理，并进行了部分删减。

做政策研究和倡导作用会更大。今天看来，这位崔姓朋友真不愧是有识之士，这两条都很有洞见，只是我那时懂得太少，且把自己放在帮忙或帮闲的地位上，虽然觉得有些道理，但并没有再深入思考。还是照样捉刀做了那样一个"可行性报告"。所以，就让我的反思可以从这里开始。

1. 是"可行性"报告，还是"可行"报告？

这绝对是我无论作为一个研究者还是一个咨询工作者十分不光彩的一个记录，就是我们为办新公民学校的"可行性"研究其实只是"可行的"研究，我们是要证明一个已经决定了要去做的事情是可行的，我们只是把它合乎逻辑地包装了一番，而对于"可行性"我们却没有真正去研究。比如说，NGO作为办学者，是很关键的一个设计环节，只有透过他们办学，南都才可以通过"资助"的形式，既支持了民间公益，同时又关注了农民工子女教育这样一个社会转型期的重大问题。可是对于这样一个关键环节，我们有没有认真探索其可行性呢？在我印象中，就NGO的合作意向并没有做什么严肃的调查，即便是有几个NGO（如红枫、北京青基会、真爱）曾在早期有过兴趣、意向或一定的尝试，我们既没有在把这种NGO办学模式中双方权利/义务等概念陈述清晰的情况下与NGO探讨合作意向；也没有认真调查现有办学的种种情状，我们对于办好民办学校所应具备的条件以及能力一无所知，也因而无法考核能够承办学校的NGO的资格；我们没有（也无法，因为没有评审依据）对有意愿并且能够承接这一项目的 NGO 数量进行摸底；最后，我们所提出的一所学校的种子基金为 200 万元是没有事实依据的。事后，当理事会十分大度地接受了我们后来从"资助型"转变为"操作型"是因为"没有想到现有的教育 NGO 能力如此弱"，其实，我的心里是很愧疚的。也许当时我们即使调查了以上问题，我们的认识也无法与后来在实践中了解、体验得那么深切，但问题是，我们没有去探索这些关键问题，或说我没有，这是我犯下的重大错误。我对于这个错误的认识是在永光让我再做一个可行性调研来论证支持百年职校的时候，这次我觉得既然已经决定要支持了，就没有必要再"论证"了，论证是决定之前的事情，所以就没有承接这个任务。

2. 是"教育公平"，还是"教育创新"？

办新公民学校一直具有潜在的双重意义（或许还有更多），一个是解决或倡导农民工子女"有学上"的问题，另一个是"上好学"的问题，而"上好学"又因为"好"的多元性而存在若干路线甚至是方向，"好"可以是指与公办学校同等的所谓"质量"；"好"可以指有针对性、满足农民工子女需要的教育；"好"还可以是指某个教育理念下进行教育创新的实践，一方面由于我们在公办教育体制外，有创新空间，另一方面由于我们的孩子在主流社会升迁体系中的阻力很大，接受非主流教育而影响其在主流社会发展的风险相对较低，这种可能性或许对具有教育创新志向的有识之士具有吸引力。总之，"好"的内涵不一而足，"上好学"的路线和方向也就见仁见智。

新公民学校意义的多重潜力导致具有不同动机的各方很容易地走到了一起，但心里所想的却未必是一回事，因而使实际操作者感到目标方向不明，无所适从。举例说，我本人的情怀所在是教育创新，相信永光也有，所以才会在一开始的办学理念中提出以学生"幸福感"为学校评估指标，才会支持儿歌阅读项目，才有我们的八字校训。但是，我和永光的侧重是不同的，永光更强调解决"有学上"的资源整合问题，所以有温州"第三条路"的"新公民办学"路线；当F校长问永光工作重点的时候，永光总是会说，重点是"资源动员"。而我，虽然从来没有正面与永光表达不同意见，却一直有不同的看法，我不反对"第三条"，但我会先问，"新公民教育"到底是什么？如果有一种"新公民教育"，如何将它的内涵落在实处？即，怎么通过治理和管理的方式来保障这种教育理念的一贯性和生命力（向越来越好的方向发展）？我一直觉得，没有这个东西，我们就无法去动员社会资源，就好像如果没有产品，就不该去惦记别人钱包里的东西。在我看来，"新公民"必须至少是一个公益产品（好的话就是成为一个公益品牌），才能指望别人购买，如果仅仅是帮助弱势人群上学，我们没有提供"增值"的服务，社会为什么不把钱给到孩子的家庭，而要给"新公民"呢？今天的公益"市场"与"希望工程"的当年已经大不相同了，不赘述。因此，在我的心目中，我更焦虑的是"新公民"教育的开发，我一直没有看到有人力物力资源来开发这样一种教育，当时管这个叫"品牌建设"。

在如何开发和开展新公民教育创新上我们做过若干种尝试，例如，全国招聘校长、外包做研发、最后是研发目标管理体系。第一个惨败了；第二个也因我信不过"外面来念经的和尚"，他们计划在学校呆那么一点点时间，就要闭门造车，能开发出对我们有用的好东西？因此没有通过他们的提案；最后一个正在进行中，但又遇到学校撤办、校长离退种种问题，结果难料。我曾跟永光提过，我带一个3人小团队，在学校或附近租个房子住下来，但这个团队一定要有一个年富力强的懂教育也热衷这件事情的人，后来永光让我对新公民学校的情况向理事会做一个报告，这个报告是在2009年杭州理事会上做的，这次的会议才使我了解到理事会在新公民学校办学方向上的重大分歧（此前的理事会我没能参加）。此次会议晓光提出战略回顾的动议，并且得到通过。实在地说，杭州的报告、战略回顾的研究，是这几个台阶使得我一步步走进南都的，这是题外话。因为参与了南都的战略调整工作，于是对于"新公民"教育的开发工作就又隔了一层，而且是越来越远了。

但"新公民"项目给予我的另一个重大教训是，对于这样一个内涵、外延丰富的公益领域，大家必须在更加实操和细化的层面达成共识，才能不使精力消耗在内部的协调、不明方向的犹疑、不作为等等，才能使四面八方的能量都汇聚起来产生影响。所以新公民中心年中提出做战略，我也深深理解他们的需求。

3. "新公民"与南都使命之间的张力

最早是上官利青跟我提到的，她认为新公民计划的公益项目与学校项目的使命有差异甚至是冲突，我当时仅仅是一个有事来开开会的挂名中心理事长，对于她说的感到十分诧异和不解，直到 2009 年杭州理事会上目睹新公民学校项目在发展方向上的冲突，我才意识到问题的严重性。

回想起来，我觉得永光的"第三条道路"不是不可行的，相对于自创具有特色的教育／学校品牌，"第三条路"的可操作性更强，按照这种方式，或许建立 100 所新公民学校也并非什么不可企及的目标。当然，如果走这条路线的话，如何实现低成本的品牌管理等，仍然是极具挑战的课题，但是如果我们都认同这个方式，也未见得做不出来。但问题在于这个方案得不到理事会的认同。

今天的我，首先是很钦佩周庆治，他真的是从头到尾清晰（知道）自己所要的，才能如此坚守在南都的使命与核心价值（如民间性、杠杆作用、资助型）上。实在地说，如果不是这几年的纠结与琢磨，我对于这些理念是很懵懂的，根本没想到做个"好事"还会这么复杂。如果当时对于南都的使命与价值观有今天这种认识，那么，如何通过支持民间公益的方式来推进农民工子女教育问题的解决，以我们基金会的资金量要实现杠杆作用，我们真的要认真地做战略与策略上的选择，也许真的如那位姓崔的朋友所说，投入到研究与政策倡导或其他NGO 胜任的教育服务／创新领域。另外，我也再一次领教了永光的大度、大量、大气、大爱，和永光一起做事，我觉得最开心的事情就是感受这四个"大"，令我没有任何畏惧，哪怕犯了错误，哪怕困难重重，哪怕被冤枉误解……该怎么样就怎么样，没有什么大不了的。我相信"新公民"在理事会的这个"坎儿"也一定能过得去。

4. 为什么"人"的问题总是困扰不断？

"新公民"开展以来，"人"和"人才"的问题一直是最大的困扰，无论是新公民发展中心的干部，还是学校的校长，这里边的故事太多，就举例说说，点到为止吧。

无论是中心还是学校，我们总是希望他们从独立中建立更多自主性，而这种"独立"／自主性与监督／问责之间的平衡真是一大难题，特别是这三者之间的权责关系和问责机制不是很容易厘清和实施，往往使我们处在尴尬的境地。稍不留神就养出一个个具有自我维系意识的小利益团体……

我常想，我们在用人上为什么如此地受挫折？

教训之一，我们的确对于组织之间的治理与管理关系与机制没有经验，无论是南都与中心之间还是南都与学校、中心与学校之间。规则不到位，漏洞大，即便是胆小的，日子久了也难免不去钻空子。

教训之二，公益组织的管理本来就比商业组织难上一筹，商业组织的管理可以凭硬性的指标评估和奖惩，无论是生产还是销售，都是实打实的，公益组织的评价指标要软性的多，很多时候是看谁会忽悠、写报告、搞包装等等。没有业绩压力的组织，搞着搞着就变成少数人的"天下"。

还有，一些人事上的波澜使我逐渐清醒，我们面对的是什么样的一个群体。即，服务农民工子女这个群体的主要力量（学校的教师和管理者）仍然是农民工这个群体，这个群体有他普遍的困难和需求，他们难免不拉帮结伙，还有很多需要相互照应的七大姑八大姨，这是他们的现实，如果我们要以这个群体为主地服务于农民工子女，我们就必须对于这个群体的问题和困难有所理解和关照。但至少要求他们必须对自己的本职工作负责，尤其是财务问题上不能放任。

最后，通过这些年的经历，我痛感到，我们所希望和要求的校长几乎是不可得的特殊人才。

如果"新公民"是以教育创新为主概念，此人必须具有教育创新的理念、落实创新的实际办法（教学、教法）以及管理学校的实操经验和能力。

如果"新公民"是以资源整合为主概念，此人必须长袖善舞，最好人脉广泛，懂得现代的筹资技巧则更佳，这样的人才，在现行体制内有经验的校长中是不可能找得到的，因为体制内的校长不需要这类的能力，可以说，第一类与第二类人才是十分难以兼得的。

可是我们的要求还不仅于此，因为我们的学校不是普通的民办学校，而是为社会底层弱势群体服务的民办学校！这种学校谁也得罪不起，各级政府（村、乡镇、区、市），相关部门（教育、卫生检疫、税务等），还有房东、地痞恶霸等。鉴于学校与地缘的特殊关系（如硬件投入、生源），移动的成本很高，因此很容易被房东敲诈，X学校就遇到这样的问题。处理好这么多方方面面的复杂问题与关系的人是很不简单的，不是有来头的，就是肯低头的……这是一个高风险的行业，里面有很多黑色、灰色的成本，外人看不到，没有高额"回报"是做不下来的，在这种行业现状里，对真实的"产业链"不明就里，关门是早晚而已。

一个农民工子女民办学校的好校长不仅要有资源和心计打点各方，左右逢源，还必须把学校当成自己的事情，才能开源节流，会过日子。例如，方原校长都是在夏天买煤，还给教师每户安装了电表，因此他们的学校每年冬天的燃料费用都会相比来说少很多。又如，创办北京第一家打工子弟中学、有一定社会声誉的郑洪，即便是她，也只能做好一个学校，这就是她不来做"新公民"的原因，因为她是做实事的人，她知道做好一个学校需要花多少的精力！记得那年去她的学校请她主持中欧教育论坛，她看了日子后说去不了，因为那个日子有教师培训，她要旁听，她说不听怎么知道这个培训的质量？以后用不用他们（指培训方）？想想的确是，不仅培训有成本，教师的时间也是成本。此事令我对郑洪刮目相看，钦佩之至。

像郑洪这样的人是不可多得和不可复制的，方原也是不可多得和不可复制的，我认为，方原加入新公民主要还是想做比以前更大的事，以及有给孩子更好的教育这样的动机驱动的（当然也肯定有个人的目的），不是他的学校在当时办不下去，新公民的这些工资、房租相对于他的投资和付出真的也算不了什么，可是他没有把"新公民"

当别人的事情来做，他始终是少数最把学校的事情当成自己的事情来做的人，学校没了，我们好像放下了一个包袱，说实在的，多少有些"窃喜"，但真正难过的是方原，光是为了马各庄的"证"，心思和人情花了多少？有谁知道？我不是说方原是雷锋、焦裕禄，他加入"新公民"也吃亏不到哪儿去，问题是，他心有不甘！因为加入了"新公民"，他在打工人员子女学校校长的圈子里已经被划为了另类，而且多半被当成是非疯即傻，他想干出点样来给那些人看看。这是我对于他的猜测，姑妄听之。

说归正传，总结一下，我们要的合格校长需要有四大能力特点：一懂教育（包括创新理念和管理经验）；二懂筹资；三懂江湖；四把学校当成自己的来办。满足这四点的人容易找吗？举着探照灯都难找，而且是有钱也买不来的。

鉴于人才的不可得性和得了也不可复制性，我们才提出用目标管理体系的办法，弱化对于"人"的作用的依赖，实现有限的、相对单纯和便于测量的目标。文华对于我们这一段的心路历程不了解，所以才会在校长问题上纠结，当时我也想写个邮件解释一下的，但事情向其他更复杂和不幸的方向发展得太快，使得这些解释都成为不必要的后话了。

上一次理事会上，康教授出其不意地又对"新公民"发难，永光让我说话，我真的是失语了，因为有千头万绪作梗在咽喉。但是我还是说出了一个意思，我们在"新公民"领域作为操盘手的经历或许是显

得有几分狼狈，却为这个机构成为一个当今中国所欠缺的好的资助型
基金会打了很重要的底色，我们的经历使得我们不具有大善人赐福于
可怜人的沾沾自喜，而是愿意从贴近底层人需求的视野，虚心地做事，
因为民间立场在我们的基因里，草根情怀在我们的早期经历里。

　　这封邮件写了好一段时间，都快没信心了。

第四章

回应公益行业的关键需求

第二次战略规划

新公民计划需要尽快做个"了结"，但理事会"吵架吵了一年半，一直争论不休"。康晓光提出，南都是时候重新进行战略规划了。康晓光认为，战略规划是一个打破僵局的有效方式，也是一个重新凝聚共识的重要手段。从这个角度来说，战略规划不仅有其自身"战略"层面的意义，也具有突破治理困局的"战术"层面的价值。

没有人否定针对社会痛点问题的新公民计划的巨大社会意义，但战略思考不仅要考虑"哪里最需要我们"，同时也必须思考"我们能在哪里发挥最大的价值"，二者的交集才是一个合理、可行且能产生最大影响力的战略规划。

南都基金会的第二次战略规划便由此开始。

打破理事会僵局，"南都必须做个战略调整了"

如果说"有心栽花"的新公民计划消耗了基金会大部分人力和资金，且效果欠佳，使基金会自身面临项目管理不力的严峻挑战，那么，与之形成鲜明对比的，则是 2008 年汶川地震后，南都基金会一系列"无心插柳"之举。虽然在当时未被作为重点，这些举措却迅速回应了民间公益领域的旺盛需求。

2008 年 5 月 12 日，汶川发生里氏 8.0 级强震。这是我国 1949 年以来所发生的破坏力最大的地震，也是唐山大地震后伤亡最惨重的一次。灾情之重震惊世界。徐永光第一时间与理事会沟通，表示南都基金会不仅要全力赈灾，同时也应与更多同行联合行动。

地震发生的第二天一早，彻夜未眠的徐永光就召集了一批公益机构负责人到南都基金会进行讨论。"过去发生自然灾害政府只允许红十字会、慈善总会参与救灾，其他机构只能老实待着"，徐永光显然不甘于此，"这次汶川地震，（民间）公益行业要是还没有行动，那我们就干脆不要存在了！"

当时的中国民间公益刚刚展露生机。大灾当前，每个公益机构都迫切希望有所行动，徐永光的振臂一呼，迅速得到广泛响应。当天，与会机构发表了《抗震救灾，十万火急　灾后重建，众志成城——中国民间组织抗震救灾行动联合声明》。

声明写道："我们全力以赴组织社会力量，各尽所能，出资出力，协助政府和灾区人民抗震救灾。同时我们号召各民间组织和公益组织携起手来，充分发挥各自的优势和力量，献出我们的爱心，与灾区群众一起共渡难关，重建和谐家园！"

震后第二天，"灾后重建"就被此联合声明写进标题。这出自徐永光对 NGO 和相关从业者在日本阪神地震、台湾地区"9·21"大地震中参与的了解，他们在灾后重建上的作用更为明显。

联合声明甫一发出就得到迅速传播和广泛认可。从南都基金会、中国扶贫基金会、中国青少年发展基金会、爱德基金会等几十家机构开始，短短几天，160 多家来自全国各地的公益机构争相加入，中国公益界第一次出现了行业联合的生态雏形。

图 4-1　2008 年 5 月 13 日召开的中国民间组织参与汶川地震救灾行动联合声明会议

不过，当时中国的绝大多数捐赠人都希望把钱直接用到受助的目标人群上，鲜有人理解公益机构本身的运营也需要人员、办公等行政成本。因此，公益组织即使有大笔捐款，也往往因捐赠人意愿无法用于行政成本支出，这就造成大灾当前，救灾公益组织没有钱支付人员交通费及救灾过程中的其他相关行政成本。

徐永光当即向理事会汇报，理事会迅速同意拨付 1000 万紧急救援资金，并特别指出，这笔费用主要用于支持民间公益组织去灾区的人工、交通费等行政成本。

正是在南都基金会这 1000 万资金支持下，67 家民间公益机构和专业团队得以顺利奔赴灾区展开救援。在南都基金会的带动和徐永光的疾声呼吁下，中国红十字基金会随后也拿出 2000 万资金，向民间公益组织公开招标，支持有能力的机构到灾区赈灾。

一家参与"5·12"救灾的乡村发展协会的工作人员事后回顾，该机构利用南都基金会支持的 5 万元行政经费，在汶川地震后总计动员了 500 多万元的灾后重建服务资源。支持公益机构带来的杠杆效应在这次行动中被印证。

灾后重建过程中，理事会成员多次前往灾区进行实地考察——自从新公民计划发现问题后，南都基金会秘书处和理事会便一直开展一项常态业务：秘书处协调理事们的时间，组织大家到基金会支持的项目地探访。徐永光和周庆治最为难忘的一次，是与清华大学社会学系教授罗家德前往四川阿坝州的考察经历。

　　罗家德来自台湾地区，研究领域为组织社会学和社会网分析，对灾后可持续性乡村重建和社区营造有独到见解。汶川地震后，他联合建筑师和规划师组建团队，向南都基金会申请了"羌族建筑示范房项目"和"可持续性乡村重建试点项目"。前者的目标是展示轻钢技术修建传统羌族建筑的可行性，后者则致力于推动整村重建计划。

　　2008 年 10 月底，周庆治、徐永光率南都基金会秘书处团队到罗家德教授团队的项目实施地阿坝州茂县太平乡杨柳村进行现场考察。他们了解到，项目在灾后重建过程中，充分利用当地社会关系网络，引导村民以自组织方式进行换工互助、协力造屋。村民们在各路能人的帮助下甚至能自己组队组装起了轻钢架构，完全不依靠包工队进行打地基、起架、立架、垒石砌墙……许多工序可以互助完成。考察时，该团队已经在杨柳村开展了整村重建的动员、准备和组织工作，进行着一栋轻钢生态示范房的建设，并协助村民达成合作意愿，结合另一家捐赠方的轻钢架材料费捐款、政府重建补助款和村民部分投入，指导该村 34 户羌族家庭建设轻钢生态重建房。尽管轻钢生态重建房受到当地政府和老百姓的普遍欢迎，但由于资金不足，仍有 21 户的轻钢架材料费尚未落实。

　　那天调研过程中，去往项目点所在地的进山道路蜿蜒陡峭，时有落石塌方的情况发生，周庆治、徐永光和罗家德坐一辆吉普车，其他同事和志愿者乘坐另一辆车同行。由于路况凶险，下山时，年轻人宁可步行两小时下山，也不敢再坐车。周、徐、罗三人仍然选择坐车下山，中间车还抛了锚。在车上，罗家德突然问周庆治："周总，另一家捐赠方说不能给钱了，项目没法进行下去，南都基金会能不能把窟窿补上？"周庆治笑言道："罗教授真会找机会考验我，我正在思考关于生命与财富的哲学命题呢！"

实地考察让基金会理事们对罗家德教授团队的项目有了真实了解，随后，该团队向南都基金会提交了"杨柳示范村计划"，理事会决定在之前两个项目的 42 万元资助款基础上又追加 56 万元。在这些捐款支持下，罗家德教授团队得以在灾区持续开展工作，使杨柳村 55 户羌族家庭全部完成房屋重建，还将轻钢生态示范房打造为公共空间供村民使用。

图 4-2　南都基金会理事徐永光（左一）、周庆治（左二）2008 年在灾后重建项目现场调研

图 4-3　南都基金会理事周庆治（右二）、何伟（右一）和徐永光（左一）向罗家德（左二）、谢英俊（左三）"乡村重建计划"项目授牌

图 4-4　南都基金会理事程玉（左）、何伟（右）2018 年回访重建后的杨柳村

在中国公益事业发展史上，2008 年经常被描述为"中国民间公益元年"。一方面，大灾唤醒了全国亿万公众参与公益的意识和行动；另一方面，在此之前，中国公益行业一直处于各自为战的状态，这次以南都基金会为主率先发起的联合行动，让中国公益首次以行业形象出现，公益机构也在彼此的协作中形成了网络。

南都基金会抓住时机，推出了非公募基金会发展论坛、非公募基金会领导人培训、基金会中心网等一系列立足行业前沿需求、推动整个行业进步的引领型项目。

一直不满于基金会项目运作效果的康晓光，也从这次救灾行动隐隐约约发现了一个契机——或许，外部的巨大需求可以用来回应南都理事会内部的争议。

2009 年初冬的一天，康晓光找到程玉，开门见山："南都必须做个战略调整了，咱们一起做怎么样？"

程玉毫不犹豫地说："行，你主要负责，我就当个拎包干活儿的。"

2009 年 11 月，南都理事会一届八次会议上，基于对"新公民计划"的争议，以及汶川地震后中国公益界急速发展的态势，经康晓光提议，理事会决定对南都基金会进行一次战略规划研究，成立由徐永光、康晓光、程玉组成的战略规划小组，通过新的战略调研和思考，回答"南都向何处去"的问题。

"在推动民间组织发展中扮演助推器的角色"

本科学习应用数学的康晓光，后来的学术研究转为"国家与社会关系"、"政治发展与政治稳定"和"政治文化"。在国家、社会、政治、文化几个关键词的交错中，康晓光无意间接触到第三部门，便投身研究，不可自拔。

1996 年，中国青基会请国家科学技术委员会为其项目做评估，康晓光作为评估工作主要成员之一，开始近距离接触中国青基会。

透过中国青基和希望工程，康晓光看到了在政府与国有企事业单位之外，另一类机构可以自己定义社会问题，并动员全民力量加以解决。客观上，这类机构掌握了"问题化"的权力。长期从事反贫困研究的他深知"问题化"的分量，这一发现让康晓光深受触动："在我心里，根本没把中国青基会看成一家公益机构。它是未来社会一个非常重要的结构性的组成部分，对国家与社会的关系，对中国整个社会治理的影响非常深远。"

自此，他展开对第三部门的相关研究，并深度参与，在多家社会组织中担任理事等职务，为公益界提供指导和咨询，持续输送大量理论与学术研究成果。2011 年起，康晓光连续十年主持发布《中国第三部门观察报告》，该报告以"见证、反思和推动中国第三部门的动态发展"为目标，对中国第三部门进行了长期整体性和连续性的观察和记录，为行业提供了有深度、有思考且接地气的记录、分析与思潮引领。他相信，第三部门将在中国的转型过程中扮演重要角色。

一届八次理事会结束后，战略小组迅速着手工作。2010 年 1 月 14 日，战略小组召开了第一次正式工作会议，会上制订了工作计划、编制了预算并确定了人员结构，由康晓光、程玉带队，对相关人员进行深度访谈，同时由康晓光的四个学生配合做记录等支持工作。

战略规划团队针对南都基金会"新公民计划"项目的相关人员与机构、基金会同行、基金会受益方、行业专家召开了四次焦点会议，随后由康晓光和程玉对基金会理事会成员、监事会成员、基金会秘书处人员和数位行业专家逐个进行面对面的深入交流。此次战略规划工作由外而内推进，深入探讨大家对南都基金会的现实情况看法与期待，为南都基金会的未来把脉。

站在一个更广阔的未来前面，这次战略访谈除了对新公民计划项目有专门调研外，更多问题聚集在中国公益行业环境的变化及南都基金会自我剖析的着力点上，代表性的问题包括：

自南都基金会成立以来的两年多，中国的公益慈善行业发生了什么样的变化？

目前公益慈善行业的关键问题、议题有哪些？最关键的是哪一个？为什么这么认为？

展望 2~3 年，您认为中国公益慈善行业的格局会不会有变化？什么变化？新格局为何？

您认为南都的核心优势、核心能力、核心资源是什么？

您认为南都的主要弱项有哪些？最大的是哪个？

您认为南都在过去作为中有无重大失误？如有，是哪个（些）？

草根组织怎么分类？他们中的成功代表是谁？

您认为根据行业发展的现实需要，南都对草根组织的资助投入在哪一个阶段最有效（公益创新个人、组织孵化阶段、发展初期、成长期）？

……

四次焦点会议邀请到各界精英和公益深度参与者。其中，针对新公民计划的专项讨论，大家态度鲜明地认为应该坚持把新公民学校持续做下去，但同时表达了很多困惑：比如项目定位不清楚，新公民学校的标准不明确，学校人员变化太快，资金始终不足，南都的种子基金不足以应付学校发展需要，新公民中心负责人更迭频繁，等等。

其他几个焦点会议则围绕行业整体发展来探讨，受访人士均对南都有着更高的期待。

学术界代表性的表达有："南都能动员的资源应该大于它现有的资源……（像南都这样的）组建一个专业团队做（民间）基金会的几乎没有，南都要做一个非常特殊的基金会……可以作为典范，告诉富人们应该如何做。"大部分学者都关注到了南都通过基金会发展论坛等活动对行业发展、行业研究以及人才培养的前沿性做法，并将南都与国际知名基金会进行对标。

在公益同行的焦点会议中，代表性的声音如："最近南都有意在推动民间组织发展中扮演助推器的角色，这点我们都感受到了，而且这个角色扮演得不错……在这个领域中可以和南都媲美的有壹基金、友成和中国扶贫基金会。但所有这些组织都没有南都这样有意识地在扮演这个角色……他们的自我生存发展意识远远高于行业发展意识，南都在这点上从一开始就意识到了。"

同时，徐永光在行业中的领导者作用也再度获得肯定，同行们特别强调对南都基金会来讲，徐永光是绝对的优势资源，在业内有着无可替代的影响力。由于南都基金会一系列造福行业的举措让同行大为受益，同行们纷纷建议南都做更多行业支持和引领的工作，并期待南都出资人以更广阔的胸怀立足行业视角去推动更有意义的事情。

与学界和行业观察视角不同，作为与基金会有直接工作接触的受资助方，除了表达肯定，也提出了具体的需求和问题，比如"汶川地震催生了一大批公益组织，这些机构的专业水平亟待提高，希望南都基金会未来除项目合作外，可能从公益生态发展的角度出发，多为机构提供能力培训"。受资助方还开诚布公地对南都基金会提出意见，如"项目官员专业能力欠缺""合作项目零散、看不到基金会做这些项目背后的战略性原因"。

四次焦点会议后，康晓光很兴奋，因为听到的"全都是真心话"。

"如果让我自己科学打分，50 分都不到"

与外界期待相比，基金会秘书处团队的访谈体现更多的则是困惑。

基金会副秘书长刘洲鸿说："我们现在支持民间公益也有一些困惑，我们的目的和重点到底是什么？在 5·12（灾后重建资助项目）评估当中也提出了这样的问题，我们到底是更注重项目的效益，还是更看重公益组织的培育和能力的提升，所以在审批项目的时候大家就会有不同的意见。"

项目部工作人员汪黎黎的反馈则体现出机构决策的细节问题："我觉得我们跟决策层的沟通比较少，很多时候是在执行他们的决策，但有的时候确实不能清楚地明白理解他们的意思。从内部管理上来讲还是缺少一种互动机制。我们不一定要参与到决策的过程中，但是希望信息可以更加开放一些，我们得到的不仅仅是一个结论，而是可以知道这个决策是如何形成的，了解决策形成的思路，知道为什么要这么做，这样我们执行得会更好。"

对理事会和监事会成员的访谈更多聚集于他们对南都发展的评价和与自己期待的差距，得到的反馈也更为犀利。

态度最为严苛的是林旦。林旦在调研中给基金会打了 60 分，但原因仅仅是"大家工作太辛苦了"。"如果让我自己科学打分，50 分都不到。"林旦说。

在林旦眼中，基金会近三年做的项目与基金会的宗旨吻合度不高，而这个不高主要体现在新公民计划上："基金会刚成立的时候，周庆治说的是推动民间公益的发展，手段是支持、培育草根组织，但在最后做的过程中，可能是沟通不够，形成不了标准，政府做不到的事情，我们可以捐点钱去支持扶持，但不能变成我们自己去做。"

在林旦的思考中，基金会应该更多做研究、做倡导，把研究结果提交给政府，帮助政府去解决，否则"国家上千亿都解决不了（农民工子女教育问题），你拿一两千万怎么可能解决得了"。

"我认为他们（指周庆治和徐永光）都没有想清楚（基金会到底应该怎么做），我也没想清楚，我现在只是提出来了，希望他们能想清楚。"林旦最后说。

王海光和周庆治仍保持当初的想法："离开了政府以后强烈希望能在一个自主的、民间的、私营的环境下做事情，解决政府和私人没有解决的问题，通过我们来解决（政府）缺失或顾及不到的事情……我们觉得应该以我们为主，来资助、发起、倡导全新的项目，来解决原来政府、公募基金会所没有做的事情。"

监事白岩松则从媒体人的观察角度提出："对基金会的挑战是，不能只是自己闷着头做，如何把自己变成一个杠杆去撬动社会、撬动更多的人跟你一起做，这是一个更重要的问题。"

理事长何伟则借由新公民计划的"第三条道路"表达了他对目前战略方向的不认同："与政府合作办学的模式实际就是两块牌子一套班子，公办学校为了吸引投资挂这块牌子，当然这个学校有 70% 是农民工子女，但这是政府有义务去办的事情。我们这样做的确会促进解决这个事情，但这个思路、方式方法和我们的宗旨相冲突了。我们的钱应该投给民间公益组织，现在投给政府下面的公办学校，我们的战略就模糊了，这对民间公益组织的发展有什么好处？"

周庆治谨慎地表达了自己对外界赋予的南都作为"引领者"形象的看法："在自己做得不够的情况下，不要说自己是引领者，虽然有这个理想和目标，但我们要坚持做一个低调的资助者和全心全意的服务者，我们提供各种各样的资助和服务，我们不求任何回报，我们就是希望行业能够发展起来。"

在这次战略访谈中，康、程二人还有一个念念不忘的重要话题：秘书处的项目审批权限。在两人眼中，这个问题不解决，就会形成一个恶性循环：理事会由于不信任而将秘书处审批权限设置过低，秘书处就难以放开手脚做事情，进而影响项目执行效果，而这又进一步影响理事会对秘书处的信任，反过来理事会也就更难放权……

其实，基金会创立之初，"秘书处独立决策的项目权限为 5 万元以内规模"是由徐永光主动提出，他希望以此来调动理事会的主动性和参与感。但在基金会正式运营后，5 万元的权限门槛一度仅以形式存在，徐永光的实际审批权较为灵活。后来由于新公民项目屡陷被动，理事会又严格要求回归到 5 万元的权限限制，这意味着遇到超过 5 万元的项目要经过理事会审批，而理事会审批又谨慎，由此带来的结果就是秘书处渐渐倾斜那些 5 万元以内的小额项目。

南都基金会项目部一度在仅有两位工作人员的情况下，发展到一个人负责 80 多个项目，另一个人负责 110 多个项目。如此庞大的项目数量，既增加了项目管理、评估的人力成本和资金，也难以实现精细化的跟进，直接影响了项目质量，同时，工作人员在巨大的工作压力下，既难实现优秀的项目管理，又无法获得自身成长。

在康晓光、程玉眼中，审批权始终不能放开的根本原因，在于新公民计划执行不理想，理事会对秘书处一直心存顾虑难以放心。

无论对管理权限的严格设置是有心还是无意，但从实际效果上为基金会工作带来了巨大掣肘，康、程二人担心的恶性循环已然形成，理事会与秘书处之间的博弈与牵制日益突出。于是，两人借着与每位理事的访谈机会，替秘书处"鸣不平"，并建议提高秘书处审批权权限。

在对何伟的访谈中，康晓光直言："我觉得理事会很多该做的事没做，不该做的比如 5 万元以上项目的审批又搅和了很多，虽然基金会这些项目从筛选到管理是太粗糙，在这样的情况下采用这个审批过程有合理性，但这个问题到底应该怎么解决？是理事会把审批权自己拿回来解决，还是从根本上通过提升人员素质解决？"

尽管何伟否认审批权限背后存在不信任，但同时表示"战略调整后理事会可以放权，把原来的规定修改一下"。

康晓光和程玉认为，这段审批权修改历史的背后，印证了一个想有所作为的基金会理事会与秘书处之间的博弈。

两个多月的时间，康晓光和程玉带着四个学生在北京、上海、杭州紧锣密鼓地展开工作，组织了四次焦点会议，四次阶段性工作会议，深度访谈 17 人，非深度对谈近百人，考察百余合作项目。此前通过新公民计划对南都基金会已有深刻反思的康晓光，评价对整个访谈的感受称："谈话超出了我和程玉的预期，给我们非常大的收获，也给了我们很大的鼓舞，坚定了我们的判断。"

程玉说，访谈的结果其实是"印证"了康晓光的判断，"因为这些问题他已经提了很久也思考了很久"。

康晓光很清楚，自己既不是出资人，也不是南都"自己人"，作为一个外部的独立理事，要想让理事会接受自己的意见，必须寻找更多支持。这些广泛的访谈成为一个有力的支持。

借着这些访谈，康晓光再一次提出"建议马上停掉（新公民学校）止损"。与之前不同的是，康同时提出了一个新的方向——南都不再就某一个具体的社会问题做直接的服务和倡导，而是支持致力于解决这些社会问题的公益行业的发展。通过支持公益行业发展、为公益事业服务，南都可以发挥资助的杠杆作用，间接为受益人服务。

"这个在当时来说还是比较少的，因为当时的公益机构基本都是直接操作一些项目，不做直接的资助和倡导，说通过支持公益组织、通过扶持公益行业的发展来推动行业进步，南都基金会即使不是国内第一家，也至少应该是第一梯队的。即使再退一步，能够在这个方向上做得这么彻底的，南都基金会是第一家。"南都基金会成立十年后，康晓光如此总结。

虽然康晓光与徐永光、程玉在新公民计划上屡屡针锋相对，康甚至以言辞激烈的方式进行否定，但三人皆因出于公心，并无芥蒂。2010 年 3 月 9 日，徐永光、康晓光、程玉在基金会办公室召开了战略规划小组第三次工作会议，三人就此次战略规划达成一致，由程玉撰写总结报告，并在下个月的一届九次理事会上进行汇报。

南都再出发——"怎么选择似乎很清楚了"

2010 年 4 月 12 日，南都理事会一届九次会议在位于北京万通中心的基金会办公室举行。康晓光为战略访谈做开场介绍："我们的规划追求切实有用，所以我们在整个过程中完全是按给自己家做规划的方式来做的，花里胡哨的东西我们都扔了，但是实实在在的硬碰硬的东西一样也没有疏忽，非常扎实。在这个过程中我们这个小组在一起合作得非常好，作为一个副产品吧，也加深了我和程玉对我们南都基金会的认同和感情。还有一个更大的收获是加深了我和程玉同志之间的感情，现在几天不见就想了。"

难得康晓光在理事会上能以如此轻松开心的口吻介绍工作。在大家的笑声中，程玉打开 PPT 投影。程玉首先总结了战略访谈的过程，谈到外界评价时，程玉总结："大家都不约而同地把我们放在了一个行业的领军或者是领跑人的这样的一个位置，很多人在评价我们时都用了这类词。这说明无论我们是否做到了这一点，南都基金会在过去的三年当中，取得了一个非常积极的成果。"

而对外界看到南都做的两类事，程玉总结为"此消彼长"："第一类就是新公民计划，虽然定位领域清晰，也抓住当前社会关键矛盾之一，但在实施过程中却逐渐偏离原定位，导致项目社会影响力与实效不对称。第二类事情，支持民间公益组织，尤其在汶川地震后发起的非公募基金会发展论坛、非公募基金会领导人培训、基金会中心网建设等项目，这类行动起到了推动行业发展、改善行业生态环境的关键作用，使南都获得行业领头羊的形象。但这类业务与原来较专业、聚焦的新公民计划定位之间出现了内部资源冲突，外界也因此不清楚南都的战略重点到底是什么。"

"此消彼长"带来的疑问是：基金会究竟应该把项目放到特定领域，还是致力推动公益行业发展？是坚持做资助型还是项目运作型基金会？

这时，王海光的一句话对于转变其他理事的思路、调整南都未来的战略方向，又起到了关键的作用——"一千多万投到新公民只占百分之一二十的贡献，另外一千万做的事情却做到了百分之八九十的贡献，怎么选择似乎很清楚了。"他所说的"选择"实际上体现了注重效果或者说以实际效果为导向的公益投资理念。

虽然这一评价仍然相对主观，缺乏具体的量化指标及数据支撑，但对于当时的理事会成员来说，已经有足够的说服力。于是，王海光的话引起了一片赞同。

周庆治也一改过去相对温和模糊的态度，明确表示"康晓光的意见我们肯定是同意的"。

终于走到自己当初期待的一步，康晓光为新公民计划的"落幕"做出建议："我们有退出机制，但是在退出的三到五年内，我们要有强有力的支持和强有力的评估，尽可能地争取当南都退出的时候，让这个机构非常成功。我们不是甩包袱。"

战略规划小组的建议最终获得所有人响应——聚焦当前中国公益行业的关键议题，或者说是行业发展的瓶颈问题，从行业的角度而不仅仅是从机构自身生存发展的角度去考虑问题，并力图通过解决行业主要矛盾来有效地推动行业发展。

紧接着，程玉又通过四个关键考虑因素——行业主要矛盾、南都核心价值观、南都自身优势与不足、风险来进一步论证这一战略选择。

从行业主要矛盾上看，非公募基金会迅猛兴起，数量、资金暴涨，与此同时也带来行业内的泥沙俱下，鱼龙混杂，公益泡沫化，导致诚信危机；而在公益资源供给方增加的同时，供需双方又各有局限，两者间形成"堰塞湖"，行业效率与公信力得不到提升；草根 NGO 虽然大量出现，但迫于生存压力，或被体制吸纳或受资本资源导向，失去独立性，失去对社会基层问题的敏感度和解决问题的创新能力。

由这些现象带来的启示是：公益产业链上游需要引导，如公益理念的倡导与普及，专业性提升；公益产业链的下游需要支持，倾斜于那些有助于提升社会自治能力的项目、机构、个人，尤其是这个方向的研究和创新性解决方案。

围绕基金会价值观，程玉提出："首先就是南都基金会的使命和愿景，即支持民间公益和人人怀有希望，我们从支持民间公益的角度，希望建设一个有能力自助自立的社会，由此使人人都怀有希望，要非常准确地定位在非政府、非市场的第三部门，而基金会前三年的发展与这一核心价值观出现偏差；第二，是我们非常强调杠杆型资助，要起到四两拨千斤的作用，调动、撬动比自身更大的资源；第三，南都基金会特别是以出资方为代表的这些理事在做南都基金会时没有带入丝毫的企业、个人或者小集团的私利，非常纯粹；第四，是务实，任何工作务必落在实处。"

在南都基金会的自身优势上，程玉接着说："首先是南都基金会的理事会——以出资人为代表的理事会具有坚定的发展第三部门的核心价值理念，并具有行业利益高于机构利益的境界和胸怀，理事会的作用以及形成的良好治理结构已经获得业界的美誉；其次是徐永光本人，如大家所共识，徐永光20年行业经验的积累，无出其二的行业影响力、威望、号召力，对行业发展特有的敏感度、前瞻性和创新力，关注行业高于机构和自身的胸怀是任何人无法替代的；第三是机构核心人物的理念高度认同，使机构没有后顾之忧和内耗；第四是南都基金会没有筹资压力，从而更有利于团队专心把事情做好；最后一项则是当下极少数非公募基金会能做到的——聘用专业团队全职服务于其公益事业业务。"

但与优势并存的,南都基金会的不足也同样明显:执行团队专业水平不足,小型项目过多,机构目标、定位不清晰,一线的项目管理人员获得的指导、与高层的沟通、在决策过程中的参与不足。

如果把南都基金会放到百年老店的目标上,中长期的不足显而易见:首先,是理事会和秘书处的权责悖论,最主要的问题就是秘书处审批权限过低;其次,在把支持民间公益作为目标的同时,基金会如何处理好跟政府的关系,如何在与政府的合作中形成良好的互动;再次,品牌宣传需要形成战略,因为这关乎基金会是否要发展为独立于资本的第三部门社会资源的问题;最后,还有一个更加关乎长期发展的关键问题是,善款资金增长的安全和效益,这关乎南都如何使自身资金效益最大化以及如何起到杠杆作用,撬动更多外部资源的问题。

最后说到风险,则回到了绕不过去的新公民计划。"如何将新公民计划调整、整合到新的战略框架中来,成为支持'推动和引领行业'定位的支柱,这是对我们的考验。"程玉说。

对此,战略规划小组建议"通过资金和管理全责支持,孵化新公民发展中心,使其成为农民工子女教育公益领域的领先 NGO、民间公益在教育领域的标杆性品牌,在 3~5 年内使南都过渡为纯资助型"。

由于战略规划小组成员本身正是新公民计划中意见最为对立的双方,徐、程、康三人事先妥协后形成的建议对于后来在整个理事会层面形成一个互相妥协的决定起到至关重要的作用。最终,理事会经过进一步讨论决定：

　　"新公民计划不再依照原计划继续扩张建校，把已经投入的几所学校建设成新公民学校的范本，实现自身的可持续运转；同时孵化新公民中心，让它成为一个独立的NGO，定位在农民工子女特殊需求、教育模式、内容创新，支持相关的研究和政策倡导；南都基金会（对新公民中心）的资助比例从80%减少到45%，并计划三年之内继续缩减到30%。"

　　至于南都基金会的未来，程玉对着投影仪投射出来的"一间新房子"进一步说明："最上头是我们的使命，这不用多解释。下面分别是三大支柱。"

图4-5　南都基金会第二次战略规划内容

第一个支柱是"宏观性项目"，当时正在支持的非公募基金会发展论坛、非公募基金会领导人培训等项目即属此类，旨在促进行业发展的一些合作、交流、联合行动。

第二个支柱是"战略性项目"，包括机构支持和人才支持。机构支持的对象又分成两种类型，一种是像基金会中心网、恩派公益等支持性公益组织，另外一种是特定领域内具有示范作用的标杆型、带头型机构。人才支持则主要针对那些未来很有潜力的公益人，这些人未来既是南都基金会的长期合作伙伴，又能带动更多其他人和机构，起到放大效应。

第三个支柱由新公民计划和灾害救援等"特定领域的公益项目"构成。将新公民中心孵化为独立的 NGO 后，南都在这一议题上的侧重点将转向资助农民工子女教育领域志愿服务的小型公益项目。灾害救援项目同样定位于资助其他民间组织开展救灾和重建工作。

"房子最下面就是我们要做行业研究，包括针对公益行业的研究，也包括对教育、环保等具体领域的研究。"程玉说。

房子设计好了，工期如何规划？程玉继续讲解，将其分为三个阶段。

第一个阶段，两年过渡期，将行业领域和新公民计划专业领域投入比例调整为六比四或五比五，项目部重点在人力资源的培育和建设，研究要搭建起来，新公民中心加大扶持力度推动孵化。

第二个阶段，两年后的蓄势期，行业领域和新公民计划专业领域投入比调整为七比三，项目部基础建设完毕，有一套属于南都基金会的管理机制、流程、工具，战略研究能够有效地服务于南都基金会的自身需求，最好再能够给其他的机构提供一些指导。

第三个阶段，五年之后，新公民计划实现独立成长，投入封顶。以南都为中心的卫星 NGO 群体出现。战略研究在业内有一定的知名度和影响力。

程玉在 45 分钟时间内的逻辑清晰的报告，得到大家的积极肯定。周庆治在随后的发言中说："我个人感觉真的非常好。"

徐永光事后评价这次战略规划称："学数学出身的康晓光和麦肯锡战略专家程玉两人，再加上四个学生，用近三个月的时间，北上南下数个城市，访谈数十人，召开一系列焦点会，耗费巨大精力和智力投入做出的战略规划、凝聚心血的新战略规划文本堪称完美。"

战略规划获得肯定，也传达出另一个信号：围绕新公民计划吵了几年的架即将成为历史。

听程玉汇报这个"个人感觉非常好"的战略规划时，周庆治没有畅想未来，反而沉浸在对旧事的回忆中："我在想徐永光和我们当时为什么要搞这么一个基金会，我们当时怎么定位的？为什么一定要把支持民间公益来作为我们的一个宗旨？我记得我们做这样一个定位的时候，都有这个想法，我们国家的改革开放已经走了三十年，实际上主要是发育了第二部门。今天，我们处于另一个转型期，在这个转型期，需要把第三部门做下去，我们要把公益事业和传统的慈善活动区别开来,这样我们可以立足于未来的社会目标来发展我们的第三部门事业。我们必须站得更高、更有价值。所以我们当时提宗旨的时候,决定要支持民间公益。"

正是因为始终提醒自己不忘"支持民间公益",周庆治坦言:"银川、温州的项目,徐永光开始找到一种模式,通过和政府合作快速复制项目,但我从内心来说不是很赞同,为这个事情,我这几年老是感觉再这么弄下去,确实有一点儿担心。"

"通过你们这么一番梳理后,我感觉到我们,或者说至少我已经很清楚了,我们基本上在未来的相当长的一段时期里,要坚持这样一个战略方向。"周庆治说。

至此,南都基金会确立了下一个阶段的战略规划——践行支持民间公益的使命,回应行业的关键发展需求,将基金会的工作重心转移到支持中国公益行业发展上来。南都基金会决定资助"优秀公益人才发展"和"支持性、引领性民间机构的发展"这两方面的战略性项目,促进中国公益行业的发展。

实施新的战略规划也需要有好的工作团队,尤其需要构建优秀的机构文化。因此,程玉又带领团队讨论、碰撞,形成了可以清晰表达的南都基金会机构文化共识(见表4-1)。

2010年4月12日举行的第一届理事会第九次会议成为南都基金会发展史上第一个里程碑。南都基金会确定支持公益行业发展的这一举措,对于中国公益行业发展也具有标志性的意义。

表 4-1　南都基金会机构文化共识

我们的价值观	公共利益为上	以公共利益为至上追求，不谋求任何公司或个人直接或潜在利益
	行业发展为先	积极回应行业的关键问题和紧迫需求，机构服务于行业发展
	民间立场为本	立足民间立场，支持民间公益组织的社会创新
	杠杆作用为佳	追求资助资金的社会效益最大化
我们的风格	目标导向	目标清晰使我们不拘泥方法和形式或在过程中迷失；目标清晰有利于我们务实和创新
	服务精神	资助型基金会是面向受益人服务链条中的一个起点，实现自身使命也有赖于服务好民间组织及行业
	尊重他人	包括信任合作方、设计人性化的资助服务、有同理心、珍惜他人的时间与努力等
	允许犯错不掩盖问题	在机构内部如是，对被资助机构亦然。这是有助于成长和创新的必备精神
	终身学习	不满足于现成的、现有的答案，永远用崭新的眼光去发现、发问，去探索更深刻的理解和更根源的解决方案
	与社会创新者共同承担风险	是创始人精神，也是南都的文化财富与特征之一，是正义感与赤子心在我们工作中的具体体现

　　虽然徐永光和程玉对新公民计划的调整内心仍有不舍与不甘，但支持公益领域、支持行业发展，让中国的公益机构能够更好生存，进而获得更好的发展，无疑是中国公益事业更加良性发展的关键。这一切也让他们兴奋和期待。

───── ※ **理论映照** ※ ─────────

　　任何组织都要做事，任何组织都不可能做所有的事，因此，任何组织都要决定自己应该做什么，不应该做什么。而回答"做什么，不做什么"这一问题的就是"战略"。"战略的实质是决定该做什么。"这是迈克尔·波特（Michael Porter）在《何为战略》一文中给出的著名判断。

　　　　　　　　　　　　　　　　——摘自康晓光，《非营利组织管理》

　　作为组织的领导者，最重要的任务是预见危机。不是被动地回避危机，而是主动积极地预见危机。消极地等待危机降临意味着放弃。领导者必须设法使组织能够预见风暴临近，经得起风吹浪打并有超前的应对计划，这就是所谓组织的变革和持续创新。

　　对于非营利性机构来说，使命和计划（如果这就是所有的一切）就是雄心壮志，而战略则是推土机。战略将计划转变为实际的成果，这在非营利组织中显得尤为重要。圣·奥古斯丁（St. Augustine）曾经说过："一个人既要虔诚地祈祷奇迹的降临，同时也要为实现目标而努力工作。"战略引导你去为实现目标而努力工作，将雄心壮志转变为具体的实际行动，将努力工作转变为有效的成果。同时战略还告诉你需要什么资源和人才来实现目标。

　　一个深谙自己的真正职责并为自身绩效设定目标的理事会，是不会"干涉内政"的。但是，如果不明确自身职责，那么理事会就会事无巨细地过度干涉管理层的内政，而对自己的工作职责却从不履行。

战略要求非营利组织的领导层具有奉献精神，并能带领整个组织一起付诸行动。战略的实质是采取行动——把使命、目标和市场整合成一个有机的行动——以及把握适当的时机。战略始于市场的需求，而止于需求的满足。因此需要了解应该满足的客户需求是什么：教区内的居民、医院的病人、童子军的男孩和女孩以及领导他们的志愿者，对他们来说，什么是真正有意义的东西？非营利组织的成员必须充分尊重其客户和捐赠者，应该深入了解其价值观和对服务的满意度，而不应该把领导或组织的观念和私欲强加给他们。

——摘自彼得·德鲁克，《非营利组织的管理》

| 第五章 |

银杏伙伴

分拆上市，还是分家独立？

　　第二次战略规划后，南都在一系列既有的行业建设项目的基础上，又先后推出了投资于公益人才的"银杏计划"*和投资于公益机构的"景行计划"，作为实践此次战略规划的重磅产品。

　　就在两个项目不断推进，尤其是银杏计划成为南都最为知名的品牌项目，也让南都作为行业推动者与引领者的地位得以巩固之时，理事会又做出了一个出人意料的决定——放飞银杏，让银杏计划注册为一个独立的基金会。

　　在此前的公开报道中，放飞银杏被徐永光描述成"分拆上市"，是银杏计划的"自我迭代"，新成立的银杏基金会也将探索一条创新的"多元共治"之路。其他理事在接受我们的采访时，也有类似的描述，直到我们采访了康晓光。

---

　　*　出于行文方便，以下"银杏计划""银杏伙伴成长计划""银杏伙伴计划""银杏伙伴项目"作为计划名称将混用。

　　"别听永光跟你们胡说。什么'分拆上市''迭代'……那是分家以后他找的说法。"康晓光平淡如水的叙述，无意间颠覆了此前的采访。

　　放飞银杏，到底是分拆上市，还是分家独立？不管是哪一种说法，就连康晓光也不得不承认，那已经是"理事会能想到的最好的办法了"。

　　回顾银杏放飞背后的决策，我们能够看到，以目标为导向的建设性解决方案，或许可以帮助我们最大限度地化解冲突，并继续追求影响力的实现。

"草根也是精英，要给这些人实实在在的支持"

第二次战略规划通过后，理事会选举程玉担任基金会秘书长，程玉请辞不成，提出几个条件，其一就是不出去参加本基金会以外的会议、不接受采访。随后，程玉专心埋头工作，率领秘书处团队结合第二次战略规划的方向，先后推出了"银杏计划""景行计划"，以及未来好公益平台项目的初期设想。

程玉的本科、硕士、博士都是在美国就读，专业方向分别为生物学、心理学、教育学，或许缘于这样的学习经历，无论面对多复杂的工作或问题，她总能抓住根本要领去构建解决方式，而在各种与人有关的事务中，她也一定会从最根本的人性需求去考虑，并时时反馈以同理心。这让程玉总能理解到他人所不及处，并将无论多么"空中楼阁"的理论，变得可落地、可执行。

进入南都的历程对程玉而言像是一场"劫持"，原本以为做完可行性报告就告一段落了，想不到就此"深陷其中"，从一步步项目调整，到做基金会战略转型规划，再到做完规划后去执行，直到做出满意的项目。

作为第二次战略规划后推出的拳头产品，"银杏计划"让南都基金会支持行业发展、支持民间公益的方向得到了具体生动的说明和实践。

"银杏计划"的全称是"银杏伙伴成长计划"，这是一个致力于资助青年人突破成长瓶颈、成为推动某一公益领域发展的领袖型人才的长期计划。银杏计划为草根机构的领导人或创始人提供连续 3 年、每年 10 万元的资金支持，被形容为公益界的"天使投资"。

不同于以往的资助往往限定用于机构发展，银杏计划反其道而行之，规定"资助款主要用作个人生活补贴和能力建设费用，具体使用方案由个人成长的计划决定"，"不支持把资金用于机构或补贴同伴生活"。

之所以如此设计，答案既复杂又简单：复杂，由于缺乏系统性的行业支持，公益人的职业发展举步维艰；简单，因为做公益赚不了多少钱，连养家都成问题，这个行业怎么可能留住人才？

2010 年，腾讯公益慈善基金会、南都公益基金会、刘鸿儒金融教育基金会联合零点研究咨询集团发布的《中国公益人才发展现状及需求调研报告》显示，NGO 招人难是普遍问题，尤其是草根 NGO，"待遇低"是最主要的原因。而且，过半 NGO 从业人员遭遇过离职考验。

调查显示：NGO 从业者的薪资收入在 5000 元及以下的约占 90%，2000~3000 元这段最为集中，占 25.7%，无固定收入和月薪资在 1000 元以下的占到 18.4%，5000 元以上的有 11.5%；近四成机构未给员工上社会保险；67% 的 NGO 从业者表示 NGO 的工作强度非常大或比较大；20% 以上的人平均每天工作 12 小时以上。

而在 11.5% 收入高于 5000 元的从业者里面，薪资相对较高的国际 NGO 工作人员及管理人员又占了绝大部分。由此可见，中国本土 NGO 的低收入现象非常严峻。

"中国公益行业最严重的一个问题就是有些资助人既希望马儿跑得好，还希望马儿不吃草。资助人恨不得给公益机构的每一分钱都必须花到受益对象身上去，如果公益机构说我需要差旅费、我需要交办公室的房租、我需要发工资，出资人就说这不行。很多公益机构又恶性竞争，你给我少点儿钱我也干，因为都要活着，都在等米下锅。另外一批官办机构天天嚷嚷我们零成本，因为他们的房子是政府给的，他们本身在政府领工资，他们确实可以零成本（但草根 NGO 没有这些条件）。"康晓光说。

徐永光认为，行业资源的瓶颈造成人才缺乏，而人才的缺乏，又使行业获取资源的能力更缺、更弱，这成了制约行业发展的主因。

为了让理事会成员对这个问题有更加直观的认识，徐永光在理事会一届九次会议上给大家举了几个例子："目前的这个行业非常缺少人才，但是恰恰有一批年轻人，他们要投身于公益创业。有几个年轻人，一个是在西门子工作，还有一个是在国际会计公司，他们辞掉原先的工作，搞大学生公益。这两个小伙子都是一表人才，都是在大公司工作过的，他们现在的经费就是业余时间到新东方去教课，来支持这个机构。"

"在四川有几个做社区服务的年轻人，我问他们南都基金会怎么能帮助到你们个人？他们一听，差点儿眼泪要下来。一个说我坚持到我能交买房子的按揭，如果按揭也拿不出来了，我就撤了。另一个说如果得到南都的支持的话，就可以结婚了，因为他当时还不得不'去准丈母娘那里占便宜'……这些例子说明，年轻人做公益真的是非常艰难。"徐永光说。

康晓光则重新定义了"精英"的概念："当时社会认为的精英都是名牌大学（毕业生）、海归、金融行业过来的，当时我们提出的意思是，既然我们支持民间公益，那你就得支持草根力量，那你就支持草根精英。他们也是精英，要给这些人实实在在的支持。"

"一些草根组织的领导人容易坚持不下去，就是因为太苦了，生存条件太苦了。当时了解了一下，在这个领域熬了三年以上的，已经积累一定的经验和能力的人，他们的年收入也就五六万块钱左右。你给他三年资助，每年十万，让他渡过（最难的）这段时期，可能他个人和机构就有了新的收入来源了。对这样有潜力的人，在关键时期帮他一把，让他熬过来，他可能就长期留在这个领域。如果不行呢，就算了，就说明他不行。连续三年每年十万，钱不是太多，但对他来说还是很重要的，特别是草根组织。这样就能为这个领域保留一些有潜力的人，当然前提是大家已经认可这个人的能力和价值，这是当初的设想和定位。"康晓光说。

投资于人——"中国公益人终于有这样的一天了！"

尽管想法已经基本定型，但这一想法究竟能否体现在具体的设计中并得到很好的执行，仍然是一个未知数。

"你们等什么呢？赶紧干啊！"迟迟见不到动静，康晓光在后来的一次会议中毫不客气地质问秘书处。

彼时，银杏伙伴项目后来的主要负责人林红刚刚离开微软，加入南都基金会。很快，这一重任落到了林红的头上。"我们 6 月 18 号赶紧开了一个专家会，是程玉来主持的，我在旁边看着，做了会议记录。开完那个会以后，我跟程玉说，我们可以参照'阿育王'。《阿育王》这本书是我在微软的时候读的，当时好像也是特别机缘巧合的就去了一个北大的 NGO 节，买了这个书，看这个书就特别激动，这个事儿特别好。"

银杏伙伴项目对标的"阿育王基金会"，一直在世界范围内寻找和资助有可能产生大规模影响的社会企业家。2010 年 6 月 18 日，南都基金会在北京宽沟召开了针对银杏计划的项目研讨会，邀请了包括何进、杨团、金锦萍、高小贤等在内的一批资深公益人，就选拔标准、选择流程和后续支持等一系列展开讨论，希望能够把银杏伙伴项目设计得更加完善。

通过讨论，大家认为阿育王基金会的资助对象在业务发展阶段上更加成熟，已经或正在产生所谓的大规模影响力。"而当时的中国，可能还很难找到这样的人，所以我们不要求大规模影响力、创新什么的，可能更重要的是一些踏实的行动者。但这些行动者要有一些特质，比如有信念、有行动、有潜力。"林红说。

最初，考虑到公益组织的传承，银杏伙伴项目在征集候选人时把机构创始人和管理者都放在评选范围内，希望能够在支持公益创业家的同时为 NGO 培养职业经理人，"后来发现这两种人的这种特质不太一样，我们就改成了叫作'不排除'管理者。现在我们大部分还是创业者，很少的人是管理者"。

2010 年 12 月 17 日，经过对 80 名被推荐者的认真遴选，王奕鸥、孙恒、陆非、曾世逸、梅念蜀成为首批银杏伙伴，他们的工作覆盖罕见病关爱、打工者服务、公益组织建设、农村发展、环保等领域。

在当天的发布会现场，与会者廖晓义的即兴发言感动了所有人。作为一名从事公益事业已经有 20 年、创建著名 NGO 组织"地球村"的老公益人，廖晓义尝尽了中国公益人的艰辛。

主动走到台上的廖晓义忍不住哽咽："我在台下坐了将近 3 个小时，哭了将近 3 个小时，中国公益人终于有这样的一天了！有这么多的人开始关注中国的公益，关注中国从事公益事业的人，有这么多中国从事公益的人坐在一起，这种'回家的感觉'太好了！看着你们，我心里要说的是，中国的公益是有希望的！公益中国是有希望的！"

廖晓义说罢，台下许多人含泪鼓掌。

图 5-1　廖晓义在第一届"银杏伙伴"名单揭晓会现场致辞

　　虽然时至今日，公益行业薪金偏低、难以留住人才的窘境仍未得到根本扭转，但公益人的境遇已经明显改善。

　　几年下来，银杏计划得到了越来越多的认可，影响也日渐显现。刷爆朋友圈的"小朋友画廊"创办者苗世明，"冰桶挑战"传递到中国后的"接盘侠"王奕鸥，为农村寄宿制学校儿童带去睡前故事的"歌路营"创办人杜爽，都在行业内外收获赞誉。

　　其实，银杏计划出台之前有一段戏剧性的故事。徐永光回忆称，突破草根 NGO 人力资源瓶颈是其酝酿已久的想法，考虑到南都本身资源不足，没有提上理事会议程。一次，另外一家基金会筹备团队来向他请教公益项目设计，徐把自己的计划和盘托出，建议对方做一个

图 5-2　南都基金会理事周庆治（左二）、王海光（左一）向入选的第一届银杏伙伴颁发证书

公益人力资源库和机构领导人工资补贴计划，帮助优秀草根组织留住人才，但这家基金会有自己的目标定位，没有采纳他的建议。后来徐永光和周庆治说起此事，周当即表示："这事儿应该由南都基金会自己干呀。"

周庆治曾说，银杏计划诞生的初衷是为了唤起社会来关注公益人才的现状，让关爱别人的人也能得到关爱，使他们过上体面的生活，可以心无旁骛地把自己的机构做大做强，从而推动整个民间公益行业繁荣向好。

"南都基金会在银杏伙伴项目上投入很少，每人 3 年资助 30 万，加上其他的一些活动，包括培训、出国考察和管理支出，每个人投入 40 多万。3 年 40 多万如果用于一个机构的项目资助，是微不足道的，但这笔钱用在银杏伙伴身上，使得他们个人的成长获得很大的突破。对人的投资，是最有价值的投资。"徐永光说。

在经济资助之外，银杏计划每年还组织两次集体学习和考察活动，以开阔伙伴们的视野，并让他们在与其他伙伴的交流中建立同伴支持；银杏计划还会帮助伙伴们对接相关资源，得到与专家、媒体、企业等资源接触的机会。

2014 年，南都委托香港专业进修学院（简称"港专学院"）社会发展研究课程副教授陆德泉对银杏计划做了系统性的回顾，评估以上支持方式对伙伴们的影响。

评估认为，经济资助在缓解银杏伙伴初创阶段的经济不稳定、改善伙伴生活品质、协助机构发展、拉开成长空间、支持伙伴获得学历教育、短期培训与自主学习方面，发挥了重要的作用。有一些银杏伙伴通过银杏计划的支持改善家庭关系，缓解对妻儿的愧疚，带伴侣和孩子旅游，让孩子有机会参与爱好兴趣班等。也有的伙伴尝试修复父母对他们投身公益事业的不理解和反对。苗世明更通过银杏项目的支持，在和父母的旅游过程中分享投身公益的想法和理想，取得了父母的理解和支持。

银杏计划的品牌效应也协助不少伙伴取得社会和政府的认同，获得基金会和政府的资源对接。

银杏伙伴对学习与考察活动的意见比较多元。统一的安排可以提供一些共同的公益视角与学习经历，但也难以满足多元背景的银杏伙伴的成长需要。大家期待更多对应银杏伙伴所在发展阶段的学习与交流，以及相互的学习交流。

银杏伙伴形成的社群是伙伴之间看重的交流与学习平台，也是践行公益价值的平台。一方面伙伴之间很珍惜彼此跨公益领域、跨发展阶段、不同人生哲学之间的交流与学习；另一方面伙伴形成的不同的自组织之间也出现了分化，甚至沟通的隔阂。伙伴对如何改善银杏伙伴社群建设和践行公益价值，充满期待。

大部分银杏伙伴在银杏计划资助的一到三年间的成长和转变是积极的。虽然评估并不认为这些伙伴的改变完全是银杏计划带来，但银杏计划在提供经济资助、品牌效应、学习考察、社群建设方面的陪伴，为伙伴们提供了有利的条件去应对公益生态的变化，为伙伴在公益事业的成长和发展上作出很大的贡献。同时，在与伙伴谈及过去的经历与未来的发展时，无论是对项目、机构、公益领域的发展，以及个人转变的纠结时，伙伴们也在期待银杏计划可以协助他们应对这些纠结。

这次评估得出的结论是：银杏伙伴的处境和诉求已经与成为伙伴之前大为不同，大部分伙伴已经有了基本的生活保障，社会认同和自我成长也得到很大的提升，现在他们更希望与各界合作，共同解决社会问题，共同成长。

回顾银杏计划的发展，林红觉得"理事会给了我们充分的空间，不像有些理事会，要么完全不管，要么管得过细"，"之前永光的想法比较简单，就说不要想这么多，每年选100个人发工资，但是后来听了我关于'阿育王'的经验介绍，他也没有再坚持，就让我们按照我们的想法去做。"

2017年入选的一些新伙伴，进一步增加了银杏伙伴社群的多元性。有些伙伴从事着某个领域的创新实践，比如环保领域的食物银行。而汪剑超在成都，结合政府购买进行的市场化垃圾分类的尝试，为公益与商业边界的探讨增加了一个实例。商业化运营、提供行业支持的美好社会咨询社（ABC）创始人钱洋的加入也属此类。从事公益法律支持的陆璇的加盟，助推了系统的公益法律专业支持落地。对公益人提供生命保险支持的益宝计划的发起人周玲的加入，同样扩展了银杏伙伴网络的多元性。银杏伙伴的历史，也是一部中国民间公益进化史。

"放飞银杏"另有隐情

就在银杏计划成为南都最为知名的品牌项目，也让南都作为行业推动者与引领者的地位得以巩固之时，理事会又做出了一个令人意外的决定——放飞银杏，让其注册为一个独立的银杏基金会。

在此前的公开报道中，放飞银杏被徐永光描述成"分拆上市"；"上市"后的银杏基金会意味着转变成一个公众的机构，可以争取到更多社会资源。徐永光对这一描述津津乐道，还常引用一位当时活跃于影响力投资领域人士的话说，南都基金会不愧被称为"精明的公益投资人"。

"银杏计划是个好项目，但是对南都来说，一是管理项目的人力投入很大，资助型基金会变运作型了；二是对这群公益青年精英的管理，让年轻的管理团队'压力山大'；三是南都资源有限，如何帮助伙伴获得更多的资源，需要开放。"徐永光畅想着银杏计划的美好未来："银杏基金会的资金规模甚至有可能超过南都基金会，银杏伙伴这个群体的发展给公益行业带来的变化也会进一步显现和放大。"

但在我们的访谈中，其他理事虽然也有类似的表述，同时也开诚布公地解释了更为复杂的原因。

周庆治从南都基金会设立开始，就对秘书处的团队构成不满意。后来，徐永光先后挖到了微软公司的林红，离开英国大使馆后又服务于一家国外家族基金会的彭艳妮，南都基金会骨干团队有了大的改观。但秘书处团队几位重要成员因性格不合逐渐产生分歧，并且愈演愈烈。为此，徐永光、程玉和康晓光多次商量讨论，当"救火队员"。

康晓光对林红一直青睐有加，这一点林红也能明显感觉到。后来成立的银杏基金会理事会中，康晓光仍然出任理事。林红说："我觉得我们的理事会跟南都理事会不太一样的就是他们批评我们没有批评南都那么狠。连康老师都非常温和，第一次开完理事会，我们同事都特别开心，说好像看到一个'假的康老师'，特别和蔼，春风化雨的感觉，康老师在任何一个理事会上都不是这样的。"

在当年南都基金会出现了高管层难以继续共事的危机时，康晓光旗帜鲜明地主张："谁都可以走，林红不能走。"其他理事也意见不一，一时难做决断。直到有一天，周庆治叫徐永光和程玉一起商量。让两人都没想到的是，周庆治冒出一句："干脆让银杏项目离开南都，独立发展吧。"

徐永光一愣，但随即意识到，"庆治这句话举重若轻，解开了难题"。

"那天我记得是深夜，刚好碰到这事，他们比较急，"周庆治回忆，"我自己感觉（让银杏独立出去）这个调整还是合适的，这样的话没有什么副作用，把大家的积极性（维持住）。推荐洲鸿去新的基金会，能发挥他的作用；艳妮执行力很强，也很明快，适合带团队，她的是非观、大局观也都非常清楚；林红智商很高，做事非常踏实认真，你让她做一块事情她一定会做得很好，她把银杏伙伴项目一步步做上来，我们都看得见的。我是感觉到索性分拆出去让林红去做，把银杏伙伴的力量也能调动起来。"

尽管类似的想法，也在程玉头脑中徘徊过几次，但她最终没有提出，因为她觉得当时银杏计划团队的项目管理能力还不够成熟。程玉举了一个以小见大的例子说，"银杏伙伴要定期交报告，但是这个报告能否给伙伴们带来价值，而不仅仅是为了给南都交个差？或者说，怎么让这个报告的形成过程逐渐变成让伙伴们也有收益的一个东西，不能说像管理三好学生那样管理它……因为项目管理是对项目目标的实现。"

"林红这个孩子有点儿'紧'，很严谨，要让她自己去干，对她来说其实是个跨越，但是我想她也需要一个飞跃，她需要成长，得给她这个机会。所以你说银杏出去得是早还是不早，也很难说，有各种各样的原因。"尽管程玉心存疑虑，也对周庆治表达了自己的担忧，但没有反对这一动议。

南都理事会在二届八次会议上对这一动议进行了讨论。王海光从银杏计划的项目发展和银杏伙伴的自身特征出发，结合团队成员的性格分析，给出了如下的解释："银杏伙伴有黄埔军校的感觉，黄埔一期、二期、三期……而且在横向联结，也就是说，今天这个互联网时代的生态系统，在我们这个行业也有体现。这是我们这几年发现的很重要的行业成长特征——你（**指南都基金会**）不再是简单的资源提供者，其实是给它注入了要素，一定程度上注入了生命的很多营养，可是它本身在生长过程中不要你包办代替的……我们应该顺应这个特征，再考虑到操作团队成员的个性，应该在组织上做一些调整。"

从第二届理事会起开始担任监事的原福特基金会高级项目官何进则建议："我们现在中国无论公益界还是整个社会，是心态太急。稍微做得慢一点，妥当一点，是南都基金会能给公益界引领的一个好的模式。景行计划与银杏计划都是很有特色的项目，要把工作做扎实，不要盲目急于做大。"

虽然也有不同意见，但最终，周庆治的建议取得了最大的共识。就连康晓光也妥协了，他说，那已经是"理事会能想到的最好的办法了"。

2015年1月24日，南都理事会二届九次会议于杭州举行，理事会做出了成立银杏基金会的最终决议：

> "在银杏计划走向自组织的专题汇报后，理事会深入探讨了银杏计划自组织建设的发展计划，决定联合敦和基金会等机构共同发起成立银杏基金会。银杏基金会将秉承'银杏伙伴成长计划'的优秀DNA，培养优秀的青年公益领导人，打造一个有活力、可协作、多元共治、有开放、有辐射力的网络。理事会决定成立由南都基金会、敦和基金会、银杏伙伴组成的银杏基金会筹委会，负责银杏基金会的具体筹备事宜。"

"要是按照永光说的那样发展，死路一条"

2015 年 7 月 20 日，"北京市银杏公益基金会"经北京市民政局批准成立。创会之初，徐永光任名誉理事长，赵亦斓任理事长，林红任秘书长，银杏伙伴刘毅任副理事长，此外，康晓光、银杏伙伴王奕鸥、时任敦和基金会秘书长的刘洲鸿及时任南都基金会高级项目总监的宋波出任理事，监事则由中国发展简报总干事陈一梅出任。

银杏放飞前，南都基金会还专门召开了一次专家论证会，邀请了银杏伙伴代表以及长江商学院、YBC 中国青年创业国际计划、北京市企业家环保基金会和中国狮子联会等机构的代表——他们都是全国性的活跃网络，而且都在实践民间多元共治的机制，希望他们对银杏基金会的发展提供借鉴。

但对于银杏基金会未来的发展方向，理事们的意见并不一致，连一些银杏伙伴也感觉到很困惑。在一次讨论会上，徐永光提出银杏计划独立后，应按照准协会模式运行，注重伙伴的自治管理，自我发展，自己解决自己的问题，自己去整合更多的社会资源。一位银杏伙伴直言：任何一家协会的基础条件是一群同类、同质化人群的自愿结合，银杏伙伴是按照南都的标准选出来的，虽然在公益目标上是一致的，但人员的文化、领域、地域背景和风格差异很大，南都强加给我们自治管理，很难。徐永光则用一句"宏大叙事"怼了回去："你们不是都在谈社会理想吗？银杏伙伴这个社群就是一个由优秀公民组成的微缩版社会，你们连个小群的治理都没有自信，就别谈社会理想了！"

康晓光正相反，他觉得银杏本来发展得挺好的，"但要是按照永光说的那样发展，死路一条"。康晓光认为，"自治"思路混淆了治理的主体与客体——如果把银杏基金会理解为一所大学，三年项目期内的银杏伙伴相当于在校生，已经结项的银杏伙伴相当于毕业的校友，那么银杏伙伴形成的自组织网络就相当于学校的校友会，所以，是应该由大学办校友会，还是校友会办大学呢？

"我们是希望把学校和校友会都办好，通过校友会把所有的银杏伙伴整合起来，成为银杏的一个资产、一个社区。你要想让这个学校不断增值，就要把毕业生的工作做好，把校友会做好，将来通过这个校友会是能够集聚一大批力量的，而且像滚雪球一样越滚越大。十年二十年之后，如果有个几百人、上千人，这些人都是这个领域里的精英，那还得了吗？如果能把它建立成一个有共同价值认同、有凝聚力和向心力的一个社区、一个共同体，它的资产会远远大于银杏基金会，比你这个学校值钱多了。所以如果把校友会经营好，它是一个持续增值的项目，对银杏伙伴本人是一个投资，对银杏基金会是一个投资，对中国社会也是一个投资。"在康晓光的构想中，应该是学校办校友会，学校和校友会共同成长。

康晓光认为徐永光所谓的创新，即把基金会交给银杏伙伴来管理，等于是校友会来办学校。"从来都只听说过学校办校友会，没听说过校友会办学校的。银杏伙伴都有自己的事儿，都忙得要死，公共物品谁来提供？谁来管？谁来操心？""你让大家来管，大家都挺高兴。但是你要让他多投入点时间，大家说我很忙。你要权利，你就得有责任，你得筹资，他又说我自己的机构天天在那儿等米下锅呢，我怎么能给银杏基金会筹钱？"

后来事态的发展印证了康晓光的担忧。2017 年 5 月 20 日，在南都理事会三届六次会议上，周庆治说："昨天晚上林红到我这里来，谈到一点多钟，谈到你（指康晓光）当时担心的问题。"

林红对周庆治说："现在银杏放飞了，我们也鼓励银杏伙伴享有一些伙伴的权利，提出好多好多的想法。现在我们（指银杏基金会秘书处）是主要资源的提供者，他愿意享受你们提供给他的资源，但是银杏伙伴自己本身都有机构，他背负不起来他应该承办的义务。"

周庆治把问题带到南都理事会讨论："我们（指南都理事会）原来确实想的是，银杏放飞之后，希望伙伴把更多的资源带到这里来，但是现在看来可能有一些落差。我们现在鼓励他们民主参与（到银杏基金会的治理中来），但是大家的积极性不高，因为伙伴都有自己的机构，机构都要生存和发展，机构要参加不同的圈子，他不光是银杏伙伴，（所以对银杏基金会）没有足够的投入资源的冲动和提供资源的义务。这是有问题的，已经有了一些经验教训，我跟林红说要和永光好好聊聊。做到什么的程度，是很重要的，否则好好的一个东西，可能就乱了。"

康晓光又从另外一个角度再次说明为什么把银杏基金会交给银杏伙伴的路子行不通。"团队（**指银杏基金会秘书处**）干这些事儿也不能光靠工资，得有成就感。像林红这么疯狂地工作，为什么？不仅仅是你给她工资、给她个职务。她觉得这事儿是她的，对不对？她在这儿从无到有把它培育起来了，所以她在这儿挣 30 万可以，别人 80 万挖她她都不走，就因为她认同这个东西，她把它看成她的命。你说过几年给银杏伙伴了，林红突然成雇员了，（如果）伙伴把她解雇了，她就回家了，马路牙子上蹲着去了？团队的积极性，长远的规划都没有了。"

作为银杏基金会秘书长，林红已经在这条探索"治理创新"的道路上举步维艰。与此同时，她还要考虑人员工资、社保定级、办公室装修等诸多事务。"说得难听点，一把手、二把手是天壤之别，你干了之后才知道。"

林红说自己后来"特别理解洲鸿"。以前在南都的时候，"有时候就抱怨洲鸿，说这个事儿你也不做个决策，那个事儿你也不管，反正就是有一些觉得他做得不够好的地方，我自己当秘书长以后，给他发个微信说，洲鸿，我现在特别理解你，过了一会儿又说，洲鸿，我真的特别理解你。"

后来先后成为浙江敦和慈善基金会秘书长和林文镜慈善基金会秘书长的刘洲鸿也对自己在南都的经历感慨颇深："离开南都以后，我觉得自己很幸运，曾经有机会从头到尾参与这样一个中国本土最优秀的资助型机构，正是我在南都打下的基础，让我走到任何一个基金会不会发怵，我知道怎么做。不管从机构治理、管理、项目研发，财务、传播各个方面，对我来说，南都就是我成长的地方，我也为机构献出了我的青春才华，所以想到南都，我觉得很美好，很幸运。特别是理事会，他们对我们的帮助。因为有了他们，我们才有这个环境，才能做事情，才能成长。"

林红也在与银杏伙伴、银杏基金会继续共同成长。2019 年 1 月 17 日，南都理事会三届十次会议上，林红向南都基金会的各位理事汇报了银杏"放飞"后的进展与思考。

银杏计划在基金会行业内被不断模仿与复制，对林红而言已经不是新闻。令她"更振奋的"是它在银杏伙伴社群里"被伙伴们去模仿，组建自己的社群，比如说新农人网络，或者在东北地区的东北银杏林等"。"在银杏社区这一方面其实我们也做了很多协同的工作，包括协同和我们很类似的一些青年发展组织，比如说 SEED①"。

当然，面临的挑战也有很多：包括银杏成为"自组织"后，专家评审选拔出的伙伴并不被既有社群接纳，被认为"不是一类人"；2018 年国内的"MeToo"行动席卷公益圈，几位银杏伙伴也牵涉其

---

① SEED 社会创新种子社区成立于哈佛大学，2017 年 4 月在上海真爱梦想公益基金会发起设立"上海真爱梦想公益基金会——SEED 种子伙伴专项基金"，致力于发掘和培养社会创新青年领袖，支持社会创新实践，构筑全球性的学习互助型社会创新网络，以激发中国青年关心公共事务、参与社会创新、建设性地解决社会问题。

中，外界期待银杏基金会对此发声并负责，但基金会与伙伴们此前并未就这类问题达成明确的权责关系；西部地区尤其是西藏的伙伴越来越多，间接说明了每年 10 万元对东中部地区伙伴的吸引力和激励作用似乎在下降；社群内的代际分化也越来越明显……

"所以，我们还是要想到我们这个时代的呼唤，我们需要有一个跃迁，然后在另外一个层次上再进行研发。所以，基于这样的一个考虑，我们也做了一个调研报告……（银杏基金会）理事会在 11 月决定说现在是时候了，我们可以做战略规划了。所以下一步就是我们要做战略规划，大家老问我战略规划长啥样，我说真的不知道，因为我们的结构决定于它是一个共创的结果，不是我现在能知道的。海光也在说我们一定要把这个过程作为一个更重要的结果来看，在这个过程里我们想办法要达成多方的共识——银杏伙伴、秘书处和理事会一定要在这个过程中一起参与，这样慢慢到最后才能形成真正的共识。"

每每经历困顿，林红总会想起 2014 年那个做出重大决定的夜晚——周庆治给她发一条短信，问她如果银杏从南都分出去，单独成立基金会，她愿不愿意干。

林红有些意外，翻来覆去，想了又想。凌晨四点，她给爱人打了一个电话，把他吓坏了。说明了目前的情况后，林红简单直接地问："你觉得我能干吗？"

"睡觉吧。"

"我说你觉得我能干吗？"

"我觉得你什么都能干，你想干嘛就干嘛吧。"

林红的自我怀疑由来已久，"从很小开始，我妈一直告诉我，你吧，也不太会跟人打交道，特别不适合当领导。你适合当技术员，靠本事吃饭"。

但这一次，在她挂断和爱人的电话后，给周庆治回了一个干脆的短信："行，我干。"

┌───┐

※ **理论映照** ※

　　很多领导者都认为组织成员理应理解其所做的事情及原因，但事实并非如此。很多领导者都以为每个人都能够明白他们所说的事情，但实际上，应该认为其实大家都不明白，这是第一条注意事项。领导者通常是无法和下属一起决策的，因为没有充足的时间来一起讨论。但成功的领导者会花一定的时间去交流沟通，他们会向下属解释：这是我们所面临的情况，这些是我们所预见和考虑的方案。他们还会征询下属的意见。

　　决策总是要承担风险的，制定有效的决策需要进行长时间的深思熟虑。因此，不要去考虑那些无关紧要的决策。由于两人长期不和，某非营利组织一次又一次地进行劳神费力的结构重组和人事调整。但要知道，他们已经纷争了 20 年，不管如何调整，还会继续纷争下去。最好的解决方法是：随他们去。

　　　　　　　　　　——摘自彼得·德鲁克，《非营利组织的管理》

└───┘

第六章

聚焦社会创新的规模效应

第三次战略规划

　　银杏"放飞"之后，南都基金会迎来了自己的第三次战略规划。在这一次的战略规划过程中，理事会与秘书处的博弈依然存在，但二者的互动和互补则在增强。

　　第三次战略规划还有段"一波三折"的插曲——原本经理事会讨论通过的规划又被推倒重来。康晓光与周庆治的角色发生了戏剧性的对调——原本犀利的康晓光觉得"挺好"，原本温和的周庆治却"很不满意"。

　　如果说南都的前两次战略规划分别主要体现了徐永光、康晓光和程玉的思考，那么在第三次战略规划过程中，主要出资人周庆治的意志则体现得更为突出。康晓光从中看到了周庆治作为一名"理事"的成熟与变化——从"消极的底线控制"到"积极的方向引导"。

　　第三次战略规划的过程，也再次印证了一个有效的理事会所应具有的主要特质——多元与包容。就像康晓光说的，"总得有批评的人，总得有表扬的人，总得有折中的人。"

"整个基金会，包括我们理事会，也说不清楚"

作为南都的拳头产品，中国公益界的明星项目，银杏计划成立了自己的基金会。但放飞银杏之后，南都还剩下什么？

理事会对南都的关注重点自然而然地转向另一个项目——旨在扩大NGO行业领军机构影响力的"机构伙伴景行计划"（以下称"景行计划"）。

景行计划的启动从时间上稍后于银杏计划，二者并行推进。与针对公益人进行个体资助的银杏计划不同，景行计划希望"借鉴战略性投资的理念，为有潜力产生大规模、系统性社会影响的公益机构提供3~5年资金、非资金等深度的机构支持，协助机构更快地突破能力瓶颈，扩大社会影响力"。

在景行计划的命名过程中，秘书处还搞了征联活动，来诠释这个计划的目标和价值。从这些作品中，不难看出银杏计划与景行计划水乳交融、相互支撑的紧密关系：

上联：银杏伙伴胸怀天下脚踏实地共同成长携手创未来

下联：机构伙伴德仰高山道择景行筚路蓝缕勠力启山林

横批：心向往之 ①

---

① 司马迁在《史记·孔子世家》中，引《诗经》"高山仰止，景行行止"来赞美孔子，又在后面加了一句"虽不能至，然心向往之"。用"心向往之"做横批，暗喻理想也许非我辈所能至，但NGO同仁仍将勠力同心，奋斗不止，内含悲壮之意。

又：

上联：银杏植根厚土执手伙伴共赴成长路孜孜求索默默担当不计前程遥

下联：机构立身社群比肩同仁景行天地间步步登高心心相印敢为天下先

从2011年试水探索支持领军机构，到2012年通过征联正式为项目命名，景行计划陆续支持了北京惠泽人咨询服务中心、陕西妇源汇性别发展培训中心、广州恭明社会组织发展中心、北京市西部阳光农村发展基金会、广州市慧灵托养中心、北京亦能亦行法律咨询有限公司、北京水源保护基金会自然大学专项基金、成都市高新区爱有戏社会工作服务中心、上海新途社区健康促进社、北京歌路营文化发展有限公司、南京市亲近母语公益发展中心、广东绿耕社会工作发展中心、上海百特教育咨询中心、长沙绿色潇湘环保科普中心、四川省绿色江河环境保护促进会、重庆两江志愿服务发展中心、云南连心社区照顾服务中心、北京十方缘老人心灵呵护中心、青海格桑花教育救助会、北京市朝阳区自然之友环境研究所20家机构。[1]

2016年，景行计划在实施的第五年，接受了北京师范大学社会发

---

[1] 此处所列机构为当时实际签约机构。

展与政策研究院的第三方评估。评估针对 2016 年以前资助的全部 14 家景行伙伴，包括其机构绩效发展，以及与景行计划资助的关系，并结合行业环境的发展变化分析景行计划的整体绩效。

评估结果显示：76.2% 的景行伙伴实现"质变性效应"或"明显的发展促进"；71.4% 的景行伙伴表示景行计划的资金独特而难以替代；71.5% 的资助实施于"一个非常特定的关键时刻"。

"爱有戏"就是一个典型的案例。"爱有戏"的全称为"成都市爱有戏社区发展中心"，诞生于 2009 年，主要服务于城市社区和青少年，通过创新性的社区项目，让居民在参与中传播社区文化、凝聚社区精神、重建社区社会资本从而促进社区的可持续发展。这家优秀

图 6-1　成都市爱有戏社区发展中心志愿者在工作中

的社会组织曾接下很多政府购买服务的"订单"，但一直苦于人员工资的经费问题，因为这部分经费往往不在政府采购范围内，也不在很多资助方的资助范围内。这一度成为"爱有戏"进行升级和扩张的瓶颈。但景行计划资助的150万左右不限定用途的资金不仅解决了他们的难题，而且使他们有能力进行更大规模的社会筹资，实现规模扩张。在筹资量迅速增加的过程中，"爱有戏"并未完全依赖景行计划，但景行计划发挥了核心的撬动作用。

虽然有数据、有案例、评估结果相当正面，但理事会内部对于这个项目的成效评价仍有不同意见。部分理事认为，景行计划致力于资助那些已经具有成熟产品且处于组织突破关键期的公益机构，虽然有效，但和边际效应明显、甚至可以说是立竿见影的银杏计划相比，就没那么明显了。另一个比较现实的考虑是，景行计划的资助模式决定了南都对每家景行伙伴的资助都是百万以上的大额资助，但南都的资金毕竟有限，难以支持更多伙伴。

"相对于其他基金会的资助组织的项目，景行还是不错的。只是相对银杏来说，我们不太满意，一直没有找到一个好的方式。"康晓光说。

虽然第二次战略规划指出了方向，但对于什么是以机构为单位的"战略性"资助、应该对哪些类型的组织进行资助等重点问题，都需要秘书处在实践中进行摸索和研究。

与理事会对于新公民计划的分歧不同，虽然理事会对景行计划也有不同意见，但大家一致认为，这不能完全归咎于执行团队。康晓光坦言："这个不能说项目团队，也不能说秘书处，因为南都秘书处和理事会是非常紧密的，它不是一个执行力的问题。整个基金会，包括我们理事会也说不清楚，我也不知道应该怎么做。我们只是说现在做到的东西我们不太满意，但是你说怎么做好，应该资助哪类组织，应该资助它的什么，怎么去支持，如何评估这种支持最终产生了什么效果，这些东西谁都说不清楚，经不起论证。"

"当然，这个也不是光我们说不清楚。"康晓光认为，与人才支持和项目支持相比，机构支持一直都是一个业内的难题，"从世界范围来看，对机构提供支持这个东西，是很难做的。所以最后包括福特（基金会）也放弃了（机构）能力建设的努力，最后他们也认为是比较失败的"。

此时，回顾 2010 年的第二次战略规划所奠定的南都四大业务架构：（1）通过支持宏观项目，推动行业政策和环境的改变；（2）通过支持战略项目，包括银杏计划和景行计划，分别支持公益行业的人才发展和机构发展；（3）延续之前对流动人口子女项目和救灾项目的支持；（4）基础研究，以支撑以上策略的实现——重头业务只剩推动行业政策和环境改变的"宏观项目"。

2014 年 9 月，就是在那次决定银杏去留的南都理事会二届八次会议上，时任常务副秘书长彭艳妮回顾了宏观项目的工作进展：2014年，宏观项目以"推动公益生态系统良性发展"为主线，针对系统的三大类主体——资源方、执行方（民间公益组织）和外部力量（公众、媒体）分别开展了"基金会专业化发展""公益组织能力建设和网络构建"和"跨界传播公益理念"等工作，同时积极扶持公益生态系统的新力量社会企业的发展。

遗憾的是，宏观项目也未能让理事会满意。康晓光在二届八次会议上说："目前的宏观项目稍显散乱，总的来看，需求很大，资源有限，能不能适度集中，能不能真的把行业需求和我们的战略定位，还有我们自身能力，甚至今后三年五年我们发展的方向，这些东西结合起来考虑。"其他理事会成员也大多赞同康晓光的看法，认为当时的宏观项目不足以凸显南都的战略意图。

放飞银杏导致原本并驾齐驱的两大战略性资助项目失去平衡，景行计划无所适从，新公民计划已经做出了逐步缩减的决定，宏观项目又难以凸显战略意图……南都基金会似乎陷入前所未有的"自我怀疑"。

南都的独特价值何在，如何更好地发挥杠杆作用，继续作为引领者推动行业发展？南都不得不再次面临一个最根本的问题：南都是谁？

"周总对这个战略其实很不满意"

与此同时，南都已经面临一个迥然不同的行业环境。银杏计划和景行计划这两个在国内颇具引领性的行业支持项目发挥了强烈的示范效应，随着公益行业的发展，更多有影响力且资金实力雄厚的基金会涌现出来，越来越多的基金会开始加大对行业的支持力度。

敦和基金会推出了支持青年公益学者的"竹林计划"、支持草根基

金会解决管理经费和人员工资不足的"种子基金"以及支持公益组织
筹款和传播人才培养的"优才计划";林文镜基金会推出了针对福建
公益人的"榕树伙伴计划"和支持草根组织员工学习的"束脩计划";
爱佑基金会 2013 年 6 月份发起的"爱佑益 +"公益创投项目拥有包
括"益 + 创想""益 + 伙伴""益 + 创客""公益 VC 支持计划""协
同支持计划""创新公益领袖支持计划"等六大资助产品,资助金额
甚至可以高达 1000 万元……

示范效应固然令人欣慰,但也为南都本身的业务发展带来竞争压
力。就连林红也不得不感叹,爱佑做机构资助有着其他基金会无法比
肩的优势:"首先人家做了十年的一线服务,把一个机构做好了,把
一个领域做好了,之后再开始做的这种支持多家机构的事儿,人家有
团队和经验的支持。我们(指南都基金会)的大多数项目官员,尤
其是在我还没有做银杏之前,对于怎么运作一个机构,都是凭想象。"

其实,针对景行计划的第三方评估也指出:景行计划整体高绩效
的原因在于抓住了公益行业升级换代发展的关键期,并率先提供了开
放性资助和引领性资助,但随着越来越多资助方出现,这种黄金期正
在消失。相对于银杏计划,景行计划投资的边际效益不太明显。

2015 年 6 月 12 日,南都理事会三届一次会议在北京举行。彭艳
妮提出,五年的时间里整个社会大背景下,公益行业正在发生深刻的
变化:"我们如果从最宏观的角度看现在的环境,再看到公益行业,
再看到行业基金会,最后看到我们自己,这四个层面都在发生变化,

跟五年前都很不一样了。我们是不是需要重新来回顾和审视我们机构的战略，要不要制订一个新的战略。"

彭艳妮的意见得到周庆治的赞同。他说："2010 年做的战略规划能指导五年的工作很不简单。五年做下来，有些方面超过我们的预期，但有些方面确实还没有完全到位。从这个角度的来说，我们有必要把过去的战略再梳理一下，提出新的战略。"

南都基金会的第三次战略规划由此起步。

程玉和彭艳妮提出这次战略规划可以聘请咨询公司的专业人士来做，但没想到这一想法遭到部分理事的强烈反对。康晓光甚至以辞去理事一职来"威胁"。

"这种战略规划你要找外面的人来做，南都的来龙去脉、南都的长处和问题是什么，他们根本就不了解。外包，这个理事我就不当了！"康晓光说，他很清楚"外包"的"猫腻"，"既可以表达自己的意志，又可以推托自己的责任，进退自如"，故而坚决反对。

这场战略规划主导权的争执最终依然是以徐永光表示"晓光不能走，我们自己干"而告终。理事会决定，这一次战略规划仍由徐永光、康晓光、程玉组成的战略小组主导，由副秘书长彭艳妮领导的秘书处配合理事会战略小组进行研发。

和前两次战略规划不同，"这次秘书处参与了特别多，参与这个过程比较深"。彭艳妮说，"从最开始要做很多调研和访谈，正好那会儿我们在做南都品牌传播方面的一些策划，已经做了好多访谈了，之后又做了很多焦点小组的会议。我们秘书处讨论了很多，程玉又带着我们做了很多讨论，就做出了第一个版本。"

这一版本将南都基金会的阶段性战略概括为"公益生态系统建设"，确定了四大业务板块：

第一，行业建设，公益纵横（战略性资助会议、联盟、网络、平台）和公益知库（资助研究、媒体、信息库、数据库、行业知识／课件开发等）；

第二，政社合作，通过资助能力、渠道、基础设施建设以及政策倡导、经验推广来实现良性政社合作；

第三，公众参与，多方合作、多种渠道／形式开展公众公益文化

2016战略：新战略业务板块					
阶段性战略： 公益生态系统建设					
行业建设		**政社合作**	**公众参与**	**社会创新**	
公益纵横 战略性资助会议、联盟、网络、平台	**公益知库** 资助研究、媒体、信息库、数据库、行业知识／课件开发等	通过资助能力、渠道、基础设施建设以及政策倡导、经验推广来实现良性政社合作	多方合作、多种渠道／形式开展公众公益文化建设，扩大公益行业影响力	**景行计划** 非限定性资金支持潜力型NGO大幅度提升社会影响力	**景峰计划** 贷款形式支持初创期具有特定特征的社会企业
核心思路： （1）行业基础设施建设；（2）公益影响力提升；（3）基金会资助创新实验					

图6-2　2016年2月27日，南都理事会三届三次会议"通过"的战略规划

建设，扩大公益行业影响力；

第四，社会创新，景行计划（非限定性资金支持潜力型 NGO 大幅度提升社会影响力）和景峰计划（贷款形式支持初创期具有特定特征的社会企业）。

这一战略继承了原宏观项目的绝大部分内容，整合为"公益生态系统建设"，强化南都服务公益行业的定位；继承了景行计划，并决定推出针对社会企业的投资品牌"景峰计划"，继续延伸南都创新资助实践者的形象。

彭艳妮刚刚汇报完，理事林旦就投了赞成票，就连康晓光也说很好，王海光也说这个战略挺好的，理事、浙江南都电源动力股份有限公司总裁陈博说这个好像有些不太明白，其他理事有人相继表态说好。于是，在三天后南都官网公布的理事会会议纪要中，出现了下面这条至今可以找到的记录：

"2016 年 2 月 27 日，南都理事会三届三次会议审议并通过了《南都公益基金会战略规划报告》。"

所有人都以为第三次战略规划就这样顺利通过了，似乎没有人注意到沉默不语的理事周庆治，或者把周的沉默当成了默认。

"回来之后，我们就在想怎么去落实这个战略了。"一心想着如何继续推进落实的彭艳妮在三个月后再次见到周庆治时，才诧异地得知，"周总对这个战略其实很不满意"。

"找到了兴奋点，有了当年做希望工程的感觉"

此时的周庆治，早已不是那个初入"公益大学"的新生。作为乐平基金会、恩派公益、上海联劝公益基金会、银杏基金会等几家公益机构的主要出资人，通过多年的参与、观察、实践和学习，周庆治已经对公益事业有着更成熟和更系统的思考。当他在那次理事会后三个月再一次见到彭艳妮时，明确地表达了自己对这次战略规划的看法。他认为，新的战略规划想做的太多，不够聚焦；难以设定具体目标和指标来考量成果与效率；而且，"以南都当时的资源来看，很难带来政社关系改变"。

彭艳妮在得到周庆治的反馈后觉得，既然周有不同意见，其他理事或许也有未能充分表达的不同意见。于是，彭带领秘书处团队重新了解其他理事对这一战略规划的意见和建议，又带领团队对战略规划进行修订。

基于定向征集的反馈意见，战略规划小组带领秘书处开展了新一轮的研讨，并用"变革理论"重新梳理机构愿景、使命、战略、业务板块和项目之间的关系以及目标体系，在此基础上形成了《南都公益基金会 2017~2019 战略修正案》。

在进行修订时，秘书处将焦点集中到一个新的趋势和需求。"那会儿有一个比较大的行业新趋势——政府采购催生了很多在县市一级的新的组织，新的组织出来之后都不知道该干什么，专业能力也比较差。政府也在催生一些孵化器，原来这个行业里只有恩派在做孵化器，后来政府自己要推动成立孵化器，政府一弄就是大手笔的，就有地方上的孵化器来拜访我们，说湖南省发文了，我们今年要成立一百多个社会组织服务中心，但是大家都不知道该怎么干。他们就到处来拜访、学习经验。这是一个很明显的趋势，是这个行业里的一股新生的力量。"彭艳妮说，"如果说我们南都要推动行业发展，怎么去培养这股力量？我们觉得新的战略要呼应这种趋势和需求。"

基于这一背景，秘书处提出了一个新的概念——"规模化社会创新"，并将其作为战略规划中的一个主要业务板块，并设计了两个项目——"景行 2.0"和"中国好公益平台"[①]。前者希望升级景行计划，将原来的定位——让一家机构从优秀到卓越、提升行业影响力——改变为"精准投资，促进产品／服务的规模化"；后者作为一个新项目，其基本设想是搭建一个平台，让那些社会问题的有效解决方案能够被广泛推广。

"当时对我们这个团队来说，我们觉得自己的更多的精力还是应该投到景行计划升级里面去，这个'好公益平台'会是一个特别复杂的操作型项目，觉得不是很适合我们。"彭艳妮说。

但没想到，让理事们眼前一亮、倍感兴奋的那个"点"，却恰恰是

---

① 最初提议为"中国好项目平台"，后来经内容讨论改称"中国好公益平台"，为方便阅读，本书叙述中统一称为"中国好公益平台"，但在一些图像资料中，为保证原始资源的真实性不做更改。

这个她认为"特别复杂的""不是很合适我们"的新平台。

徐永光激动地表示:"这其实是发现了一个巨大的需求,它又正好缺少有效供给。"

徐永光分析认为,中共十八届三中全会通过的《中共中央关于全面深化改革若干重大问题的决定》提出"推进国家治理体系和治理能力现代化",第48条"激发社会组织活力"更是明确提出"正确处理政府和社会关系,加快实施政社分开","适合由社会组织提供的公共服务和解决的事项,交由社会组织承担","支持和发展志愿服务组织";习近平总书记又在2015年7月召开的中央党的群团工作会议中指出,"要大力健全组织特别是基层组织,加快新领域新阶层组织建设","要积极联系和引导相关社会组织"——由此带来的直接变化就是"政府培育公益组织的冲动很大"。

徐永光说,"地方上的民政系统、社工委系统要做大量的孵化器。你想想,一个地方这么多的政府部门都要做孵化器,一个县要做两三个孵化器,那全国有多少孵化器?孵化什么呢?虽然有了很多志愿服务的苗头,比如到老人院里去给老人洗头洗脚,但是在志愿服务以外,真的不知道什么叫作公益,不知道做什么。所以这些地方有非常强的需求,有一种'公益饥渴'。"

另一端的供给侧,南都基金会通过这些年来的实践发现,即使有了好机构、好项目、好品牌,要让它去复制、扩大规模,难度也非常大。"一个商业机构,创出来一个好产品、好品牌,看到了全国的需求，发现到处是黄金，一定会去扩张，哪怕有风险也会去攻城略地、奋勇向前，因为有利益驱动。但对于公益组织来讲，规模化扩张需要资源、团队、能力，还需要渠道和信任背书，扩张有什么好处？只有责任和风险，没有利益激励，搞不好是陷阱，把自己陷进去了。只有麻烦没有利益，那我干吗要扩张？"

总之，虽然当前一些公益组织已经创建了不少有效解决社会问题、满足社会需求的优秀品牌项目，但缺乏规模扩张的冲动，更缺少推广复制的资源支持和能力；而大量二三线、三四线城市所在地区的公益组织和志愿服务团体缺乏专业知识和项目研发能力，面对巨大社会需求，心有余而力不足。好项目短缺，也给政府加大购买社会组织服务、有效使用资金带来了障碍，低效使用资金的案例比比皆是。各地的公益组织枢纽机构和孵化器都有强烈愿望引进优质的公益项目到本地区，促进本地的社会组织的专业化发展。

这次讨论找到了理事们共同的兴奋点，大家一致认为，应该把这个致力于公益规模化的平台作为新战略的核心，并且认为"应该把景行计划揉到里面去"，相当于景行计划的升级迭代。康晓光认为还应该增加具体的指标，比如通过好公益平台的规模化的项目，要做到1%的公益市场份额，大概一二十个亿——虽然徐永光觉得应该超过这个规模。

"从巨大的公益需求'嗷嗷待哺'得不到满足，而好公益品牌机构又'端着金碗要饭吃，还要不到饭'，这就需要联合行业力量，搭建

平台，把公益好产品的规模化扩张打开通道。好公益平台的设计让我
找到了当年提出希望工程的感觉。"徐永光说。

2016 年 9 月 1 日在北京举行的南都理事会第三届理事会第四次会
议听取了《南都公益基金会 2017~2019 战略修正案》。

"理事会对新战略的方向进行了深入讨论，决定以'中国
好公益平台'为中心打造新战略的业务体系。理事会决定成立
'中国好公益平台'筹建工作小组，由徐永光、周庆治、程玉、
何伟、康晓光、彭艳妮组成，领导秘书处开发'中国好公益平
台'，由徐永光任组长。"

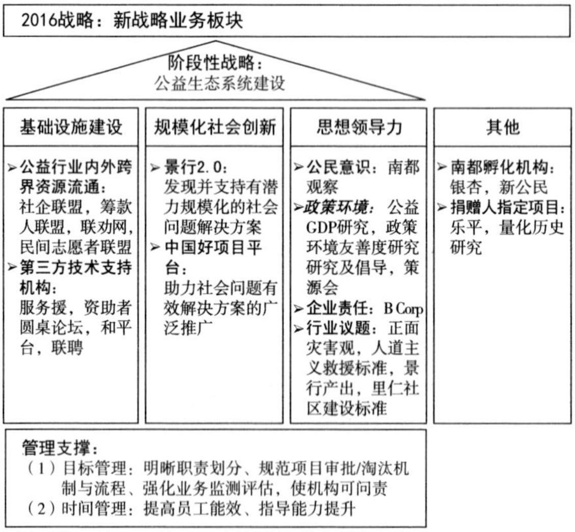

图 6-3　2016 年 9 月 1 日，南都理事会第三届理事会第四次会议讨论的"战略修正案"

"明确了这样一个思路，接下来我们就去紧锣密鼓地研发好公益平台。"彭艳妮说。

也就是在这次会议上，彭艳妮被任命为南都公益基金会新一任秘书长。理事们认为，彭艳妮过去的经历是南都基金会未来的发展方向所需要的。

彭艳妮曾在民政部工作了6年，对弱势群体的公共服务等领域也有丰富经验。后来，她又在英国文化协会主要负责社会发展领域的社会创新和社会企业项目，在此期间，她主持设计和实施了"社会企业家技能"项目，将社会企业的概念引入中国并推动了社会企业在中国的发展。当年徐永光邀请她加入南都，正是看中了她熟稔社会企业的专业能力。加入南都后，彭艳妮的首要任务就是主持社会企业和影响力投资论坛平台，随后这些项目也逐步成为南都的重头戏。

2017年1月，南都理事会第三届理事会第五次会议对《南都公益基金会2017~2019战略修正案》在第三届理事会第四次会议未讨论完毕的内容进行了讨论。在"建设公益生态系统，促进跨界合作创新"的新战略下，南都基金会的业务板块调整为行业建设、规模化社会创新、社会企业三大板块，其中规模化社会创新板块是整个战略的重点。

"行业建设板块采用联合发起、策划、领导/协调、资助以及倡议推广等工作手法，推动公益行业政策改善与公民意识提升，建设有助于第三部门发育的基础设施，促进公益生态系统良性发展。

规模化社会创新板块采用发起、领导 / 协调、资助以及操作等方式，通过建设和运营中国好公益平台，促进针对真实社会问题或需求的有效公益产品的规模化。

社会企业板块采用联合发起、策划、领导 / 协调、资助以及倡议推广等工作手法，通过与中国社会企业与社会投资论坛（联盟）的深度合作，促进跨界资源流通和合作，以及社会企业理念的主流化。"

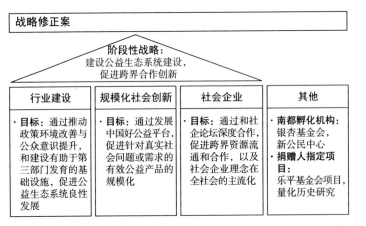

图 6-4　2017 年 1 月 8 日，南都理事会三届五次会议正式通过《南都公益基金会 2017~2019 战略修正案》

依据新的战略规划，景行计划升级并入中国好公益平台项目，不再接受新的申请，原有合作机构继续履约。

自此，景行计划升级为"中国好公益平台"，核心目的是实现品牌公益项目的规模化，实际上是对景行计划的迭代——重点通过平台的方式而非对个体机构资助的方式来促进目标的实现。景行计划过去的积累成为好公益平台的起点，并经过重新整合，直接用于好公益平台尽调和甄选品牌创建机构。

理想中的中国好公益平台的功能就是发挥各方优势、整合优质资源、共建合作平台、打通供需渠道，把优质公益项目的研发方、品牌创建方和渴求好公益项目的地方枢纽机构、一线公益组织有效联结，帮助优质公益产品在全国范围内通过复制、加盟、开源等不同方式进行规模化扩张。

理事会还对中国好公益平台提出了一个更高的要求，找到一个商业模式——实现平台本身的规模化和可持续，才能更加有效地匹配供需。

明眼人不难看出，这个要求，一定是出自"公益市场化"的倡导者——徐永光。后来，在"中国好公益平台"正式启动的发布会上，徐又发表了他关于规模化的观点——"公益创新不求规模化，就是花拳绣腿"。

难道小而美就不对吗？面对质疑，徐永光说："公益创新就是社会创新，规模化是题中应有之义。如果满足于小而美，就开始小富即安了；此时资源滚滚而来，你可以养尊处优了；你还到处演说、拿奖，不就成花拳绣腿、浪费资源了？""做公益的有两类人。一类有很强的社会使命感，创造了公益好产品，希望扩张，让更多人受益。（中国好公益平台）希望与这些创造了好公益产品并有社会担当、愿意探索规模化社会创新的人和机构合作，支持他们实现规模化。当然，还有一类人，他们做公益是选择一种自己喜欢的生活方式，做了小而美的项目就满足了，也无可厚非。和他们讲规模化扩张是强人所难。"

理事会三届五次会议还借这次战略规划重新审视南都基金会的使命（支持民间公益）和愿景（人人怀有希望）。监事何进说："使命是你得做的事，愿景是你希望达到的目标社会的样子……人人怀有希望，这句话谁都理解，谁又都不是特别知道它是什么，要是能说得再相对具体一点，可能会更好。"

经过众人的大量讨论和反复推敲，最终确定南都的使命依然是成立之初确立的"支持民间公益"，愿景则增加了六个字，完整表述为：

"社会公平正义，人人怀有希望"。

"总得有人批评，总得有人说好话，总得有人折衷"

回顾整个第三次战略规划的过程，周庆治的"不满"对于战略方向的调整起到至关重要的作用。但作为南都基金会的主要出资人、名誉会长，他理应是最无所顾忌的，为什么没有在理事会三届三次会议上直接表达他的观点，以至于让秘书处产生误解呢？

周庆治在后来的采访中告诉我们，自己当时"虽然不是很满意，但是也没有想到好的解决方案，到底怎么去深化它，自己还不是很有谱。这种情况下，光是反对，没有建设性的东西，没有必要，毕竟这个战略也没有影响到基金会的什么核心利益。你不能为反对而反对。"所以他选择在深思熟虑之后再与彭艳妮沟通。

即使在第二次理事会讨论勾起了大家兴奋点的时候，周庆治也依然保持着他的冷静："比以前能明确一点了，但怎么着手呢？当时我和艳妮说，一定要先做出几个典型出来，来证明这样做是可行的，怎么组织、怎么推下去、人力资源怎么配，这些都要很清楚。不能说一下子干多少事情，一下子规模化了。在我看来，这种口号型的东西很不靠谱。"

"否则，"周庆治担心，"又变成当年的新公民计划，提出我要建100个（新公民学校），说出来之后为了口号去做，发现实现路径是有问题的。我就怕重复过去的错误。"

其实，何进也曾反问过徐永光："为什么是100个？100个是不是我们的目标？我不觉得有数字是错的，但一旦把数字定为目标，我觉得挺有挑战的，因为大家就追着数字，而忘了数字后面真正的东西了。"

何进在中国公益界以其卓越的战略思维和丰富的项目管理经验而著称，尤其擅长通过提问来"挑战"对方，帮助对方进一步明确社会问题和解决方案。但他很清楚自己在南都理事会的角色是"监事"，不能越俎代庖，他只能监督流程是否规范，顶多可以提供自己的意见和建议，但没有投票权。

不知道何进的反问是否让当时的周庆治深思，至少后来，让周庆治更加谨慎。

　　此时的康晓光，已能看到周庆治的明显变化："他开始主动发表他的意见了，开始积极推动。原来主要是底线控制，即使是否决权也不轻易使用。第二次战略规划他都是消极的，几乎也没否定任何东西。第三次战略规划就不一样了，不但大刀阔斧地否决，还在积极地引导方向，他在积极和消极方面都发挥了重大的作用。"康晓光认为，这一改变的前提是周庆治的自信和自知："庆治这一点是非常好的，他知道自己懂什么、不懂什么。不懂的，他绝不说话；懂的呢，有的他坚持，有的他不坚持。"

　　康晓光觉得，一个有效的理事会里，"总得有批评的人，总得有表扬的人，总得有折衷的人"。"可能过去我担了这个（批评的）角色，现在可能没人担了，庆治也不能每年真金白银地拿出这么多钱由着你们来啊？实在无奈了，他自己也得说。我说的时候呢，嘻嘻哈哈的也就过去了，他说的时候就很重了。而且有的时候我说重了庆治还得缓和缓和，他还折衷折衷，说点好听的、肯定的话。"

　　程玉也发现，"如果是晓光骂的话，庆治就不好再说什么了。而且被人骂成这样了，庆治会在中间平衡一下。但如果康晓光不骂了，那庆治也不是那么好对付的"。

　　但让人惊讶的是，看起来心照不宣、配合默契的周庆治与康晓光，彼此竟然私下没打过一个电话，没发过一次微信。

　　"我就没有他单独的微信，他的电话什么的，我都没有，都在理事会的群里（交流）。"康晓光说，"因为我们的基本价值观相冲突……

他主张民主，我说你这是死路一条；我说中国应该复兴儒家文化，他说你这是祸国殃民……而且只要一说这个，谁也不让。但是在公益这事儿上，我们俩是一致的。我跟庆治是这样一个关系——'道'是不同的，但'术'是可以谋的，也就是'求小同，存大异'。"

2003 年，一个 3 岁小女孩的意外死亡成为康晓光形成他的儒家政治哲学思想过程中的决定性瞬间。

当年 6 月，3 岁的小思怡被反锁家中，她的妈妈因涉毒被抓，办案人员拒绝了她先回家中安顿女儿再接受强制戒毒的哀求，于是，惨剧发生了……17 天后，人们才发现小思怡的尸体。同样拥有一个 3 岁女儿的康晓光在看到这个新闻后无法释怀，悲愤交加之下，他放下工作，跑到成都，走访了居委会、派出所、街道办、妇联、共青团、民间公益机构、当地法院和媒体，写就《起诉——为了李思怡的悲剧不再重演》，自费印制成册，免费赠送。

康晓光在此次事件中第一次痛彻肺腑地理解了"仁爱"之心以及"幼吾幼以及人之幼"。

近年来，儒学倡导者康晓光除继续第三部门的观察研究外，开始身体力行地组织传统文化的复兴工作，通过组织游学活动，带领更多人从传统文化的角度去思考中国公益慈善的过去与未来。

在许多公开场合中，他不再如过去那样激扬言语去批判了，微信朋友圈大部分也是发一些安静的风景图片和游学活动内容。

尽管在价值观层面和周庆治冲突，但聊起这位君子之交，康晓光直言："我很佩服周庆治，他是我在这么多机构里做理事里最称职的理事长——他从来没当过名义上的理事长，但他真是最称职的理事长。"

很难相信，这样的评价出自一向以"严苛"著称的康晓光之口。

秘书长彭艳妮也在第三次战略规划的几轮调整中感触良多："我觉得背后的核心其实说明了理事会特别是周总特别清楚南都基金会到底想做什么。当我们再回过去看第一次理事会上周总的讲话，你就会明白，有很多东西在那里边都能找到答案。"

彭艳妮说，自己在做这个战略规划的过程中"看了好多遍这个讲话"。

"比如他会说到我们南都的使命是支持行业发展，他说，'我们必须和众多的民间组织伙伴合作，通过支持他们的公益项目和帮助提升组织的能力来共同实现我们的目标。对合作伙伴的选择，应该重视那些真正成长于民间的，具有创新精神和回报社会理想的组织和创业者。他们是我们的同路人，也是帮助我们实现目标的最重要的支持者'……"

"很多问题，再回到他这个讲话，都是能找到答案的。"

※ 理论映照 ※

要成为高效率的组织，非营利组织必须要有一个强势的理事会，但是理事会应该做好其职能范围内的事务。

理事会不仅要帮助组织明确使命，还要成为使命的监护者，确保组织履行对使命的基本承诺。同时，理事会有责任确保非营利组织拥有精干的管理层——并且是合适的。理事会的角色是评估组织的绩效。当组织陷入危机时，理事会成员必须成为"消防队员"。

只有双向的关系才能发挥作用。每个组织都期望拥有明星成员而且确实也需要明星成员，但是在一场精彩的歌剧表演中，明星离不开普通演员的配合。演员们齐心协助明星，而在伟大的歌唱家进行精彩的演唱时，支持陪衬的演员们也变得光彩夺目。因此，每个演员都突然有了一个崭新的角色。这是卓有成效的双向关系所应该获得的效果。

拥有一个强大的理事会是为了组织的利益。许多首席执行官倾向于设法让理事会不做事情，以避免他们的妨碍。这是一种错误的倾向。你如果依靠理事会，并拥有一个强大的、乐于奉献的、充满活力的理事会，那么比起拥有一个有名无实的理事会，能够使你更有成效。一个有名无实的理事会，最终会在你最需要它的时候毫无用处。第二项内容就是要获得强大的理事会，非营利组织的管理人员必须做大量艰辛的工作。杰出的理事会并非上帝所赐，需要不断的努力，寻找合适的人并对其予以培养。他们既然来了，就会了解你对他们的期望，同时他们对时间、金钱、工作和责任也会提出极高的要求。你花费大量的时间，不仅要让理事会充分了解相关的信息，而且要建立一个双向的信息交流渠道。另外，构建与理事会间的良好关系是首席执行官的关键和中心任务。

非营利组织的理事会既是首席执行官的左右手，也是监管者。为了促进这种关系，首席执行官必须为理事会制定出一套清晰的工作计划。即使理事会是由外部（有时是很关键的）势力推选的，非营利组织的管理人员也要能够——并且是必须能够——管理好理事会，这对于一名专业的管理人员来说是不容忽视的。为了提高效率，理事会必须充分了解组织的实际情况。首席执行官所做的最糟糕的事情就是试图对理事会隐瞒实情、敷衍了事，热衷于在理事会中寻找一两个朋友，而不去构建健全的关系。这往往是极具诱惑力的，但是事实证明试图这样去做的管理人员在一两年之内肯定会失去信任。

——摘自彼得·德鲁克，《非营利组织的管理》

※ 行思回顾 ※

在南都公益基金会第一届理事会第一次会议上的讲话

周庆治

（2007年）

中国改革开放的大趋势使得千千万万的中国人有了实现自己财富梦想的可能，我们这一代企业家是这一趋势的实践者和受益者。

南都集团的基本理念是"实现自我，回报社会"。如何实现这个理念？我欣赏比尔·盖茨的观点："随着成功而来的是巨额的财富，而随着巨额财富而来的是将其回报给社会的巨大责任，是看到这些资源以最佳方式帮助那些需要它的人。"我认为中国同样需要一种机制，使得拥有财富的人能够充分利用他们的资源和智慧，用最有效的方法回报社会。

多年来，南都集团参与过各种慈善活动，但我从来不认为填写捐款支票就是慈善的全部。"散财"和"聚财"同样需要能力。我想的最多的是探索"回报社会"的最佳方式，我把它看作第二次创业。

南都公益基金会的成立将成为这个探索之旅的起点。

南都基金会设立之前，我和永光进行过多次讨论，在基金会的发展目标、项目设计和运作方式的选择上有高度共识。永光认为：企业或私人基金会从设立动机看有三种层次：一是"急功近利型"，在捐助过程中注重换取实际利益；二是"公司发展战略型"，虽无短期的商业目的，但希望借此提升公司形象；三是"公共利益型"，不谋求任何公司或个人直接或潜在的商业利益。我认为南都公益基金会的价值追求应该是最高的层次。我向诸位承诺：南都基金会是一个完全致力于为公众利益服务的基金会，南都集团和我个人在此没有私利。而且我在这里也郑重要求基金会秘书处在开展业务活动时，尽量不要宣传南都集团和我本人。

南都公益基金会是一个资助型的基金会，也就是说在整个的公益产业的产业链中，我们是一个资金和资源提供者，将扮演"种子基金"的角色。它通过资金支持来推动优秀公益项目和公益组织，带动民间的社会创新。这是由我们自身的优势和特点决定的。南都基金会注册资金为人民币一亿元，按照《基金会管理条例》的规定每年支出800万元人民币。南都集团决定在公司再设立一个两亿元人民币的公益基金，从基金会启动的第二年开始，每年按基金的5%另为基金会捐款1000万元。随着基金会工作的展开和资金需求的增大，南都集团对基金会的投入将进一步增加。

要实现最终惠及弱势群体，促进社会进步的目的，我们必须和众多的民间组织伙伴合作，通过支持他们的公益项目和帮助提升组织的能力来共同实现我们的目标。对合作伙伴的选择，应该重视那些真正成长于民间的，具有创新精神和回报社会理想的组织和创业者。他们是我们的同路人，也是帮助我们实现目标的最重要的支持者。在资助领域的选择和项目的设计上，应该寻找那些社会转型期亟待解决的中国社会问题、也是影响中国未来的重大问题，比如农民工子女的教育问题、环境保护问题等；而支持民间公益组织发展、推动志愿精神，正是公民参与解决众多社会问题、构建和谐社会的重要和必须的途径，理所当然是南都基金会关注的重点。

基金会要聘请公益领域的专业人士来运作。徐永光是中国青基会和希望工程的创始人，我们几乎是在18年前同时"下海"，我做商业营利企业，他做公益非营利事业。我一直非常关注和支持他所开创的事业，现在我们殊途同归。永光在成功打造了一个公募基金会和公益品牌之后，继续投入热情与精力和我们一起开创非公募的南都公益基金会的事业。对于他来说，也是新的挑战，新的创业。

遵照《基金会管理条例》的规定，南都公益基金会理事会第1届理事会第1次会议拟决定成立由10名理事组成的理事会，并聘请3名监事。南都集团有5名投资股东担任基金会理事，其他5名理事和3名监事由非营利组织专家、财务专家、著名社会慈善人士和民政部官员出任。理事会将根据发展的需要，邀请更多的专家或新的出资者进入理事会。同时，我们还邀请了几位国内外非营利组织的专家担任基金会的顾问。南都公益基金会理事会是本基金会的最高决策机构，要代表公众利益，依法、依照章程行使自己的职责。监事会要依法对基金会的规范运行进行监督。在今天的理事会上，还有理事和监事的增补事项。在这里，我代表南都集团的股东、基金会的出资人，对各位志愿者同仁拿出自己的宝贵时间，投入精力，奉献爱心，承担社会责任表示感谢和敬意！

南都公益基金会是中国本土的基金会，在管理模式上既不同于国外的私人基金会，也不同于国内的公募基金会，我们要在充分汲取国内外先进管理经验的基础上，去探索新的路子，创造新的管理制度。基金会秘书处要有一个精干的管理团队，建立科学的项目招标、评审、资助、监测、评估制度，规范的财务管理制度和合理的薪酬制度，以高标准的管理，高效率的投入，实现公益资源的优化组合，社会效益的最大化。南都基金会在非公募基金会管理制度上的探索和创新，不仅是为了满足自身建设的需要，也是为行业的健康发展尽一份力量。

我国非公募基金会的发展虽然还面临一些困难，但如同民营经济在经济体制改革中的崛起一样，非公募基金会在社会管理体制改革中的兴起，也是不可阻挡的潮流。它的发展将逐步改变我国第三部门以政府办 NGO 为主的行业格局，增强非营利组织的整体实力和创新活力；非公募基金会主要承担民间公益资金提供者的职能，对于民间组织、特别是"草根"组织获取本土资源，克服资金瓶颈，提高可持续发展的能力具有积极意义。从社会功能看，南都基金会在支持民间公益的过程中也"生产"GDP，但它更重要的功能是"生产"包括道德、文化、志愿精神在内的精神产品，终极目标是给人以心灵关怀，让人们永远怀有希望。如果每一个人心中都怀有希望，这个社会就会有光明的前途。我想，这就是南都公益基金会的使命和愿景。

我真诚地希望基金会全体理事和执行团队共同努力，精诚合作，务实低调，把南都公益基金会精心打造成一个优秀的非公募基金会，为中国民间公益事业的发展、为和谐社会的建设作出我们的贡献。

第七章

中国好公益平台

向左走，还是向右走？

　　"中国好公益平台"在南都内部的兴奋与外界的怀疑中上路，南都理事会内部的"两光之争"也引发了公益界关于"公益市场化"的大讨论。但对于南都基金会而言，这不仅仅是一场理念之争，也直接关乎中国好公益平台的未来走向。

　　徐永光说"公益向右，商业向左"，中国好公益平台究竟应该向左走，还是向右走？中国好公益平台能否在理事会暂时"搁置争议"中，蹚出一条"义利并举"的规模化之路？

　　就连周庆治也难免心生疑虑，他邀请康晓光"再批评批评"，"说心里话"。康晓光说项目很好，但很难："项目是革命性的，对团队的要求也是革命性的。别人看不清我们的时候，不是我们说得还不够，而是我们做得还不清。这时就更需要理事会的坚定。"

　　在找到一个明确的答案之前，评价南都基金会第三次战略规划的意义和中国好公益平台的成效不免为时尚早。虽然我们对南都理事会的观察暂时止步于此，但我们仍然能够从南都一次又一次的自我革新中，感受其不断反思自己是否在坚守使命的勇气。

"你现在是不是对南都有深深的危机感？"

"今天，我想问所有在座的来宾和视频直播的观众几个问题：你所在的公益组织要解决什么社会问题？按照你们现在的工作模式，还要多久才能解决那个社会问题？是 1 万年吗？还是 1000 年、100 年？你们的服务对象等得起吗？"当彭艳妮在 2018 年 12 月的中国好公益平台年会上提出这个问题时，台下的听众没有人能准确回答。但这个答案，她已经用不同的公益组织作为模型，做过无数次计算。

"例如，广东省慧灵智障人士服务基金会，目前已经是中国心智障碍领域最大的服务提供方，平均每天向 1600 名服务对象提供教育、就业、住宿服务，但与中国目前存在的 730 万成年心智障碍者相比，慧灵的照料服务只能覆盖目标人群的 0.02%（根据政府的统计，即使把该领域所有类似机构的服务能力都加在一起，也只覆盖了目标人群的 1.6%）。根据美国、芬兰、澳大利亚等国相关报告数据，接受日间照料中心和夜间小组家庭等照料服务的成年心智障碍者约占该人群总数的 30%。据此估算，该领域需要每天服务覆盖约 200 万成年心智障碍者才能大规模解决目标问题。"

"再例如，北京十方缘老人心灵呵护中心，致力于为中国 4000 多万重症、临终老人提供专业的心灵呵护服务。但如果靠他们自己，要用 1 万年才能服务全国 4000 万临终老人。"

......

但彭艳妮之所以提这个问题，不是为了打击大家，恰恰相反，是为了让大家看到解决的希望：

"十方缘是一个需求很大的公益产品。入选（中国好公益）平台后，参加了 16 次路演，获得了 40 万元非限定性资金支持，参加了培训，接受了一对一的规模化咨询和 IT 系统的咨询，还得到了筹款和传播资源的对接。目前，十方缘在全国各地已经有 64 家经过认证的合作伙伴，他们有规范的培训和质量管理体系，并开始建立行业标准、培育人才。十方缘走规模化道路之前，靠自己做要用 1 万年才能服务全国 4000 万临终老人，按现在的模式可以在 10 年后达到服务4000 万老人的目标。"

"慧灵也可能通过和其他社会组织协力，创造出能够通过复制模式从而有效规模化的产品，以每天服务 200 万目标人群。"彭艳妮说。

这是"中国好公益平台"自 2016 年 11 月正式启动以来，彭艳妮第一次在公众面前，系统而笃定地阐释关于公益规模化的解决方案。

外人并不知道的是，尽管南都理事会已经通过了第三次战略规划，明确了战略重点，但秘书处团队仍然经历了长时间的质疑和自我怀疑。

毕竟"规模化"不论是在国内还是海外，都是一个炙手可热的前沿课题，也是公益人士的切肤之痛：面对社会问题的巨大，资源总是显得杯水车薪；面对社会问题的复杂，改变似乎总是蚍蜉撼树；面对社会问题的持久，计划似乎永远赶不上变化……但"中国好公益平台"能否成为一个切实可行的突破？项目启动后的半年时间就变得格外重要。

"对我们现在的团队的挑战特别大，我们也引进了外面的顾问，一起分析。每周例会，每天事情特别多，工作的节奏跟以前已经完全不一样了，特别紧张。"彭艳妮坦陈团队当时面临的压力。

平台正式启动前的两个多月时间里，执行团队总共联合了 15 家共建机构、9 家战略合作机构、22 家品牌创建机构以及 32 家枢纽合作基地共同建设好公益平台①，"资源拉动的效果超出预期"。

接下来就是至关重要的"概念验证期"——假设有很好的产品，基层特别缺乏又特别需要这样的产品，如果把两方有效地对接，一方面帮助产品迅速复制，另外一方面也可以满足基层的需求。"这半年主要通过路演的形式，总共做了 14 次线下的和一次线上的（路演），14 次线下的应该是在省一级的，比如在河南郑州，全省组织都来了。

---

① 根据中国好公益平台官网信息，截至 2021 年 12 月，好公益平台共有 17 家联合共建伙伴，分别是南都公益基金会、中国扶贫基金会、深圳壹基金公益基金会、腾讯公益、招商局慈善基金会、上海联劝公益基金会、澳门同济慈善会、恩派、普华永道中国、ThoughtWorks、爱德基金会、北京市企业家环保基金会、北京三一公益基金会、北京乐平公益基金会、新华公益、支付宝公益和新浪微公益；战略合作伙伴包括微软中国、乐高集团、凤凰网公益、金数据、姚基金、青山慈善基金会、美团公益、中央广播电视总台《社区英雄》节目、北京银杏公益基金会、陈香梅公益基金会和基金会中心网；与山东省慈善总会、中共伊金霍洛旗委组织部、内蒙古自治区赤峰市红山区民政局等地区型慈善会和地方政府部门结成"地区支持伙伴"，并邀请益响、北京师范大学社会公益研究中心、资助者圆桌论坛、中国社会科学院大学经济学院和《斯坦福社会创新评论》中文刊，以及洛克菲勒慈善咨询等成为"研究支持伙伴"。

也有在区域的，比如广东江门的一个区来做，应该在省市县各级都做过。在每一个地方做，效果都还不错。"

"比如贺永强发起的'爷爷奶奶一堂课'公益项目，在这半年的时间参加了 15 次路演，签了三百多个合作意向。在签的合作意向基础之上，实际落地的有将近两百个，这半年的发展应该说极大印证了我们之前的假设，这个趋势把握和方向是对的。"彭艳妮说。

但就在秘书处团队踌躇满志之时，康晓光提出一个让他们难以清晰回答的问题——好公益平台的"平台机制"到底是什么？

2017 年 9 月 11 日，南都专门召开了一次针对中国好公益平台的讨论会。虽然不是正式的理事会，但大多数理事成员均到现场。康晓光在听完秘书处团队对于几家机构通过中国好公益平台进行规模化的初步成果后，提出上面这个关键问题。

康晓光认为，做上面这几个案例的目的不是规模化，而是弄清楚平台机制。"他们（指秘书处）不太理解什么叫平台，我们也没闹明白什么叫平台。他们实际做的还是具体项目的规模化，但是，所谓平台，不是说你去直接做一个项目的规模化，谁的项目不错，我们就出钱陪着你，拉着媒体到处路演，给你到处推广。做一个平台，应该是把好的项目和好项目规模化相关的资源、主体都吸引来，有一套激励机制，让大家各就各位，优势互补，最终把这个事情规模化了。"

另一位理事陈博也提出一个问题："好公益平台针对的公益组织的需求是否可持续，还是一个阶段性的需求？他们的内心真实、本质需求是什么？真正的需求是可持续的。阿里巴巴说，离开客户的需求，我们什么也不是。"

徐永光紧接着陈博的需求论，讲了希望工程的例子。"希望工程的宣传工作，政府方面尤其是教育部门对其顾虑较多，但挡不住（社会）对希望工程的需求，因为这是一个真实的需求。所以，好公益平台针对的真实的需求是，第一，公益机构想要解决社会问题；第二，公众需要好的品牌项目来捐款；第三，政府花钱焦虑症，向政府要钱看起来是我们的需求，实际上也是在满足政府购买服务不要花冤枉钱的需求。"

正当各位理事就好公益平台针对的真实需求讨论得热火朝天时，康晓光用笔杵着额头，一言不发。何伟注意到康已经许久没有发言，转过头来问他："怎么样，你的问题得到解决了没？"

"没有。"康不留情面地说。

周庆治说："晓光，你现在是不是对南都有深深的危机感？来，再批评批评。"

康晓光回："你别总让我做这种得罪人的事儿。"

众人笑。

周庆治继续说："晓光，你觉得照这个思路做下去，南都会怎么样？你说心里话。"

康晓光认真答："很好，但很难。项目是革命性的，对团队的要求也是革命性的。别人看不清我们的时候，不是我们说得不够，而是我们还做得不清。这时就更需要理事会的坚定。这和过去自己花钱找人做事，难度不是一个数量级的。所以这时理事会一定要非常坚定。我个人觉得这个选择没有问题，唯一的问题是我们能不能做下去，做出来。一方面要不断提要求，一方面也要有耐心。这个方向没有错。"

"时机也没有错。"程玉说。

"不是组织的规模化，而是影响力的规模化"

一言以蔽之，康晓光认为"中国好公益"是要做一个创新的平台，是景行计划的迭代，而不是一个升级版的景行计划。

尽管暂时无法完全回答理事会上的问题，彭艳妮相信，只要有更多的时间，秘书处团队可以找到答案。虽然好公益平台不是简单地升级景行计划，但是景行计划积累多年的组织发展资助经验仍然可以为好公益平台的制度设计提供借鉴。

秘书处团队结合《斯坦福社会创新评论》刊发的一些前沿研究，再次进行一轮深度调研，总结出开源、复制、政策倡导、机构扩张和商业接盘等多种形式的规模化路径。

在这些前期工作的基础上，秘书处在"平台机制化"建设方面发力，试图回应理事会提出的问题。在2018年7月20日召开的南都理事会三届九次会议上，除了康晓光，资深企业家顾问杨懿梅理事也以淘宝、亚马逊、美团等网络平台为例，认为好公益平台除了对接供需，还应该提供像支付宝这样的增值服务，要实现数据化，并进一步利用大数据来拓展服务空间。

但周庆治则表达了不同的意见："我和懿梅的想法不一样，你刚才完全套用那个商业的平台，线上的平台，我们是线下的平台，不一样的。我们是借用平台的概念，但它的逻辑完全不一样，不能用线上的平台来思考。"

周庆治的话可以说给了秘书处团队一颗定心丸，因为在刚刚过去的半年时间里，他们就是朝着这个方向努力的。

2018 年 12 月召开的中国好公益平台年会上，彭艳妮向公众展示了中国好公益平台的三大功能模块，也向理事会回应了秘书处进行机制化建设的成果：

（1）遴选及品牌认证模块，包括遴选优质公益产品、发牌认证，记录规模化的成功和信誉评价，对规模化表现优异者给予奖励等；

（2）展示推广模块，包括线上展示平台、全国各地路演、年度发布会、搭建渠道联系各地伙伴，促成业务合作和资源对接等；

（3）加速模块，包括开展公益项目产品化和公益产品规模化相关的培训，一对一专业服务，定制化的资金支持等。

从 2016 年 11 月到 2018 年 10 月底，好公益平台累计上架了 59 个公益产品，并进行动态管理——如果品牌创建机构的规模化意愿发生变化，或者机构存在知识产权纠纷或者其他风险，产品会被下架。到 2018 年 10 月底，平台上共有 53 个公益产品，覆盖教育、安全健

图 7-1　南都基金会秘书长彭艳妮在 2018 中国好公益平台年会分享工作成果

康、特需人群关爱、助老、环保、社区发展、性别平等等多个领域。

平台以品牌创建机构的需求为核心，链接枢纽组织、在地的基层社会组织、政府、基金会、筹款平台、企业、专业服务机构、研究机构等多方。

"截至 2018 年 10 月底，平台上的公益产品新增了 2857 个落地合作伙伴（包括注册的社会组织和未注册的公益团队）和 9071 所落地合作学校。这意味着过去两年里，平均每个月有将近 500 个新增的合作伙伴开始实施平台上的公益产品，为本地有需要的人群提供服务。"彭艳妮说。

彭艳妮用女童保护、十方缘、彩虹村、爷爷奶奶一堂课、公益小天使和义仓这 6 个案例的 4 个关键指标的变化来说明好公益平台的平台的影响力——第一个关键指标是产品的落地区县梳理，第二个关键指标是落地合作伙伴的梳理，第三个关键指标是直接受益对象的人数，第四个关键指标是撬动资金量。"我们可以看到，这些产品在一年半的时间里，4 个指标都有很大增长，最少的增长 75%，最多的达到 93 倍。"

这时，好公益平台与景行计划的区别也明晰起来：与景行计划所希望实现的组织发展规模化不同，好公益平台所致力于的规模化"不是组织的规模化，而是影响力的规模化"；"是社会组织通过提供行之有效的解决方案，最终实现高效、精准、大规模地解决社会问题"。彭艳妮说。

在进行机制化探索的同时，中国好公益平台又进一步与全球发展

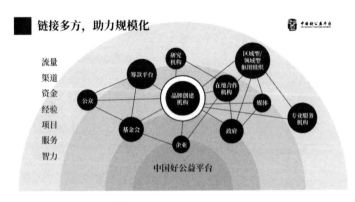

图7-2　中国好公益平台合作方介绍

孵化器（GDI）联合，在 2018 年开展了"影响力规模化专题研究"，评估了中国 21 个城市的 30 个社会组织，议题涵盖教育、安全与健康、助老、环保、特殊人群关怀等不同领域。希望将他们宝贵的经验、教训、模式梳理和提炼出来，作为知识成果分享给所有致力于影响力规模化的同仁。

早在 2015 年，GDI 就在《斯坦福社会创新评论》中介绍了影响力规模化的"终极模式"框架。该框架主要是从社会组织的角度来理解规模化的终极模式。通过实地考察和研究，好公益平台和 GDI 调整了此框架以适应中国的实际情况，着重从公益产品本身的视角来探讨规模化的终极模式。

一个产品达成了"终极模式"，意味着：（1）该产品能被有效地、可持续地、大规模地执行；（2）该产品找到了大规模、可持续的买单方。

以慧灵为例，慧灵的产品是为成年心智障碍人士提供日间照料中心和夜间小组家庭等服务，当满足以下条件时，慧灵就达成了其"终极模式"：（1）产品被全国成千上万个在地社会组织大规模、有效、可持续地复制并执行；（2）政府愿意为产品大规模、持续地买单。

产品实现影响力规模化的"终极模式"，可以分为四种类型：政府采纳、政府购买、商业采纳和社会采纳。政府采纳，是指政府部门或其下属的事业单位等，利用该组织本身的财政预算和人员，采纳并实施该产品；政府购买，则是社会组织和商业组织执行产品服务，而政府是其主要买单者；商业采纳，是指产品被商业机构大规模地执行，并且以收费形式为产品买单；社会采纳，是指个人、志愿者组织、社会组织等，自己大规模地执行产品，买单来源以公众捐赠为主。

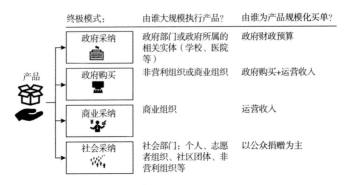

图7-3 影响力规模化的"终极模式"介绍

"终极模式"描述了一个产品实现影响力规模化的愿景。公益产品必须达成其"终极模式"，才有可能实现影响力规模化，进而大规模地解决社会问题。

着眼于产品影响力规模化而非组织本身的规模化，能够推动整个公益生态系统更加注重合作。当社会组织专注于大规模地解决一个社会问题时，他们会意识到只凭自身力量单打独斗是行不通的，需要与不同类型但又有共同愿景的社会组织密切合作，在战略主张和优势上形成互补。

图7-4 "影响力规模化"专题研究系列文章二维码

例如，当慧灵转变思路，决定进行产品影响力规模化时，他们意识到不仅需要提供服务的社会组织，还需要具备政策倡导能力的社会组织。因为其规模化的主要障碍之一是成年心智障碍者享受的补贴很低。如果政府不大幅增加对成年心智障碍者的补贴投入，就难以激励更多社会组织为这一人群提供服务。而要推动政策改变，就需要有清楚的数据和证据证明慧灵的产品能改变现状。因此，具备影响力评估能力的社会组织就非常重要。

促进行业合作一直是南都的理念，也是好公益平台的理念。徐永光在多个场合表示，中国好公益平台不是南都的，而是中国公益行业的。

"搁置争议"，"不妨花一两年时间，让团队深入下去"

2017 年，徐永光出版《公益向右，商业向左》一书。徐认为，公益用商业的模式来做，商业里面含有公益的成分，已然成为世界潮流。有效公益自左向右，讲求效率；良知商业自右向左，注重社会责任。二者交汇于中间地带而成社会创新热土，"最后殊途同归，就是在看你是不是真正在解决社会问题"。

有趣的是，尽管徐永光已经在南都内外的多个场合表达过自己对于公益市场化的观点，他还是在 2017 年 5 月 20 日的理事会上打趣说，这本书"不敢给晓光看"，虽然后来他还是签名相送，并在扉页留言："晓光惠存并赐教，愿领三板斧"。

四个月后的 9 月 11 日，在那场关于中国好公益平台的讨论会上，康晓光拿着徐永光的新书走进会议室，从侧面可以看到书里贴着密密麻麻的便签。

三天后，康晓光发表《驳"永光谬论"——评徐永光〈公益向右，商业向左〉》。文章行文激烈，称"永光谬论由来已久，流毒日广，危害日深，不可小觑"。康认为徐通过否认人性利他的可能进而否定公益事业的可行性和有效性，其主张的"公益铺路、商业跟进"实为"化公为私"的不当行径。

两位相交二十余年的好友在见解上的激烈冲突引发了公益界关于公益与市场边界问题的大讨论，"两光之争"也因此成为 2017 年中国公益界一大事件。

对于南都基金会而言，这场关于"公益市场化"的争论不仅是理念之争，也关乎好公益平台的未来走向与平台性质。

在 2017 年 9 月 11 日那天的讨论中，徐永光提出，好公益平台蕴含商业价值，将来一定要找到自我造血的营利模式，合作机构也可以根据投入多少分享收益。

杨懿梅甚至觉得，好公益平台的价值应该不仅仅体现在帮助公益机构高速复制、扩大规模上，而是要帮助公益机构转型成社会企业："你问他愿意不愿意成为一个社会企业，他一定是愿意的，没有人愿意天天筹资，谁不愿意把命运掌握在自己手里。所以我们要帮助这些公益机构，转型成社会企业。我觉得我们的平台，早晚有一天应该变成社会企业的孵化器，这就更有意义、更有价值，平台完全可以靠在孵化出的社会企业里占股（来实现可持续运营），占1%的股份就是一笔巨大的价值，可以保护这个平台不断地持续往前走。"

杨懿梅的思路可以说和徐永光的"公益铺路、商业跟进"模式不谋而合。但这，恰恰是康晓光极为反对的："你愿意以公司的方式来做，这没有问题。你愿意以公益的方式来做，这也没有问题。相应的治理结构都有，管理的框架都有。我反对的是永光经常说的'公益开（铺）路、商业跟进'，我认为这是最坏的一种模式。假设举个例子，现在我说我做公益，永光给我投1000万，庆治给我投1000万，懿梅你们都给我投1000万，然后品牌起来了，网络有了，客户什么都有了，收入来源也稳定了。然后我说我转成企业，我作价10亿，我康晓光现在是9亿资产的所有者，你们不得把我撕了？（你们会质疑）你当初告诉我你是做公益的，公益资产是属于全社会的是吧，现在做起来了怎么就成了你的了？"

徐永光大声反驳："这1亿给了康晓光，晓光把它消耗尽了，而且消耗的是别人的钱，这叫道德高尚；现在康晓光用这1亿烧出了一个10亿规模的商业模式，可以扩大服务100倍，让更多人受益，挣了钱还给国家纳税，康晓光反倒成了坏人，不打倒不足以平民愤。这算什么逻辑？"

康晓光继续据理力争："如果从一开始就说清楚，将来做出来的资产属于我个人，你愿意给我钱那是你的事儿。当初说我是做公益的，资产是属于社会的，最后摇身一变说这是我个人的，这就非常有问题。而且，（平台）有收入和（平台的）商业性质是两回事。"

双方僵持不下，徐永光将目光投向周庆治："庆治，你来总结一下。"

周庆治在发表看法之前首先声明"我们理事会是一人一票，我也是我个人的观点"，然后接着说："现在关于公益和商业，确实争论比较多，特别提出新公益概念之后，比如 B Corp①、创投公益、耐心资本、影响力投资等，很快把商业和公益原来非常清晰的边界打破。一方面可能是一个世界性的潮流，以后用商业的方式做公益，或者公益里采用很多商业的手法来做，可能是跨界的合作、边界打破是一个趋势。另外一方面，在中国落地的话，确实碰到很大的诚信问题，骗子确实太多了，打着公益的名义为自己谋私利，这样的话也会造成大家很大的困惑。这个以后慢慢讨论吧。"

但周庆治最后特意强调说："如果说商业也是在解决社会问题，那商业和公益就没区别了。"

何伟也建议"搁置争议"："我感觉永光做'顶层设计'的味道很浓，可能做得会有点水土不服，为了做这个东西怎么把商业、收费这

---

① B Corp 一般被翻译为"共益企业"，是由全球非营利机构共益实验室（B Lab）为营利公司颁发的认证，旨在重新定义商业成功，使其成为推动整个商业和社会环境双重改善的力量。如果想获得该认证，认证企业需要通过系列在线评估并达到最低分数线。在线评估主要包含对社会及环境的影响力。

些东西比例分配很详细的话，反而可能会缩减（影响好公益平台开展业务探索）。不妨花一两年时间，让团队深入下去，先探索出比较合理的东西。"

"回到我们的原点、使命与抱负"

南都基金会监事马庆钰虽然上任不久，但是对上面这样的争论场景并不陌生。正如他自己所说，他和徐永光、周庆治长期以来都有很多交集，"特别是和徐永光多次在会议中有所交锋。也正是在交锋的过程当中，互相之间慢慢理解，更了解南都基金会的工作，也更了解理事会各位的情况"。

马庆钰是中央党校（国家行政学院）教授，博士生导师，社会治理学科带头人，长期致力于行政改革、社会治理、社会组织的研究与教学。马在 2017 年 5 月 20 日召开的南都理事会三届六次会议上当选南都理事会监事。

"增补监事"是那次理事会常规讨论之外的重点事项，主要的现实考量就是，"南都公益基金会现在只有一名监事，如果不出席理事会，理事会就无效了，只有一名监事是不够的"。徐永光解释说，"起码应该有两名监事，根据《南都公益基金会章程》第十六条规定，设监事 1~3 名，监事的推举是由主要捐赠人和业务主管单位选派。现在业务主管单位已经是民政部，对我们来讲真正放开了，理事也不派，监事也不派，这样我们由主要捐赠人来推举，捐赠人推荐马庆钰教授担任南都基金会监事"。后来，南都基金会又增补北京君合律师事务所合伙人肖微作为第三名监事。

君合律师事务所在南都基金会成立那天起，就志愿承担了所有法律服务事务。肖微第一次参加理事会后就感慨说："这哪像是公益机构，简直就是一家互联网公司。"他建议应让商业公司和政府也来听听，了解公益机构是如何治理的。

马庆钰也在那次当选监事的理事会上说："南都这个声音是极其响亮，极其吸引人的。所以我很愿意和南都基金会各位，有这么一个平台相互学习……（我会）按照有关法律法规，特别是社会组织这方面有关的法律法规和政策，去履行治理结构当中监事的职责。也会按照南都基金会章程要求，履行我作为监事的职责。"

政治哲学是马庆钰学术研究的始点。在中共中央党校机关报《学习时报》题为《在政社关系之中探寻善治之道——记中央党校（国家行政学院）马庆钰教授》的报道中，马庆钰认为，基于社会主义核心价值观的公民文化培育、社会主义市场经济的持续发展完善，立足于交往与合作的国际开放与互动，以民主法治为核心目标的政治体制改革，是通往政治现代化的主要途径。

近年来，马庆钰不断拓展对政社关系的研究空间。他认为，党和政府要通过良好的制度供给，加快形成政社分开、权责明确、依法自治的现代社会组织体制，为社会组织等社会力量在国家治理现代化和经济社会的新增发展和第三次分配，以及在和谐社会秩序的构建中发挥积极作用。

2018年7月20日的三届九次理事会上，马庆钰在听完秘书处汇报好公益平台的工作进展之后，忍不住要求先发言，并且首先"对咱们理事长（徐永光），对咱们的名誉理事长（周庆治）表示祝贺"。

就连一向严厉的康晓光也在这次会议上对秘书处团队的工作给予充分肯定："我的感受和大家是一样的，从好公益平台的角度来说，的确是前进了一大步，平台的味道越来越浓了，而且逐渐地进入了角色，这是一个非常好的倾向。"

但康晓光仍然觉得"一些基本问题还是没有完全解决"，"第三次战略调整实际上是在第二次战略的基础之上，特别是银杏独立出去之后，重新思考南都的定位。当时，秘书处团队主要还是考虑景行计划的调整和升级的问题，最终选择了规模化这样一个出路。在后面的两次讨论中，又由规模化本身调整为规模化平台，也就是现在我们说的这个好公益规模化的平台。但实际上，从最初一直到上一次理事会，我觉得基本上还是在做具体的规模化，没有什么平台的影子。但是这一次平台的影子开始出现了，平台的思路也都有了，所以我觉得这是一个非常非常大的进步。也就是说，至少我自己心目中认为我们的第三次战略制定的目标，一个好公益规模化的平台，已经是比较清晰了"。

"但是，战略规划要解决的问题，一直到今天也没有彻底解决，当时也没有很好地解决，第一，就是到底什么叫'好公益'，'好'是什么意思。第二，什么叫'规模化'，我们怎么去界定它，怎么去评估、监测，这些问题都没有解决。还有就是什么叫'平台'，我同意庆治的意见，这个平台肯定和这些线上的平台有相当的区别，但最合适我们平台的形式是什么，这个可能确实没有先例可循，需要我们自己去探索。这可能是我们的第三次战略以及它的实施中，最需要解决的问题。"

"所以也特别希望全球发展孵化器（GDI）和我们的团队一起（探索）。下一步能不能把你们的工作重点往这些方面做一些调整。这种调整不仅仅对我们南都基金会，对中国的公益事业的发展，对行业的发展影响更大，作用也更大。我也相信你们的加盟，一定会对我们探索这个东西有特别特别大的贡献，非常期待。"

说到这里，徐永光带头鼓掌。但此时，康晓光话锋一转，将话题引向了一场理事们关于"初心"的讨论："我还没说完。当初庆治和永光为什么要办这个机构，我们对南都到底有什么样的期待，我们希望南都到底发挥一个什么样的作用，我们无论是做平台还是不做平台，要做什么样的平台，最终还是要回归到我们的初心上。我们当时为什么做这个东西，我们都很忙，资金也很宝贵，在这瞎忙一气是为什么，总得有所交代吧。不要说对这个社会交代，对我们自己也需要交代。"

"不但理事长要考虑这个问题，秘书处的每个同事实际上也都要不断地反思，我为什么要做这些事情，我做这些事情的意义在哪里，对我自己，对我所在的团队，对这个机构，对这个社会意味着什么。只有不断不断反思的时候，才能真正对每一天的工作负责，才能真正用心去思考，我怎么样做这件事情才最有价值，这个反思是非常非常必要的。"

"南都要有一个高的定位，这个高的定位不是理事会在这里做做梦、唱唱高调，而需要每个人把自己融入这里来。我记得 20 年前我们和永光做第三部门研究丛书的时候，在《事业共同体——第三部门激励机制个案探索》这本书中，就有学者提出了非常好的观点——要把中国青基会定义为事业共同体，不是一份职业，不是一个饭碗，是为了一个事业，一个梦想，大家走到了一起。"

"说这个东西有点空，但绝不是唱高调，都是我发自肺腑的、内心的感受。"

康晓光的发言也让程玉有感而发："晓光刚才讲的，回到我们的那个初心……回想起来，当年南都基金会一直特别纠结——我们说支持民间社会，但我们很难帮到基层组织，有很多需求没有（满足），我们（以前）挑的是很拔尖的那些机构资助，感觉是挺纠结的。但是，我们昨天去了南关厢的时候，我就觉得我们到达了（这些基层的民间组织）。"

在这次理事会的前一天，秘书处特意安排了一天的实地考察活动，考察对象就是杭州的公益小天使项目、慧灵智障人士服务项目和海宁市的南关厢公益素食馆项目。南关厢公益素食馆是一家众筹的公益自助素食餐厅，餐厅建设资金来源于100位股东共同出资的100万元，同时明确全部利润用于社会公益服务及慈善捐赠，还可以为有困难的人士提供"免费午餐"。餐厅在倡导"吃饭，也是做公益"的全民公益理念的同时，也在推动健康饮食的绿色生活态度。

中国好公益平台对类似南关厢素食馆这样"小而美"的民间自发形成的公益组织的支持让程玉觉得自己多年以来的纠结终于有了一个"安心的地方"："设想一下，如果在中国有300家（南关厢），我觉得就可以是一个突破性的（进步），中国社会就有了民间自发的活力，无论有什么样的经历和动荡，都会是一个可以保证一定的质量生活的社会。所以，我觉得我们做的这个事情，找到感觉了，所以非常感谢团队这一次的安排，能够让大家触摸到这个层面。"

在平时的项目考察工作中，何伟是众多理事中参与最多的一个。他在那天也有感而发："我现在感觉是有一点担忧。我们在规模化建设当中，经过三次的筛选，已经做到了推荐四十多个项目产品……但我们不能为了做规模化，做平台，去做数字，那你就要陷入数字当中。所以各位理事都提出，我们选这些项目时，要不忘初心——我们选择的这些项目，这些产品，是不是草根组织？是不是有助于我们在社会转型当中发展第三部门？这些东西是我们最（应该）关注的。"

"昨天看了三个项目，我感觉都比较典型。公益小天使做得确实不错，我跟（创始人）郑壹零没有深交，但是我到他的办公室坐了两次，包括他的一个项目点，我也切实看了。他做了小学以后，又发展到初中、高中，有一系列产品，他是个天才。但是，他到政府、到教育系统去推广项目，争取政府购买的时候，他要怎么定位？浙江省已经要求公益进课堂了，但公益课程的内容是什么？这些公益课程的内容能不能体现公民精神……我们怎么支持他，怎么把我们所希望引导的东西体现出来，这些在规模化的过程中有没有被我们的好公益平台考虑和衡量？我们不能忘记自己的最终目的是什么。"

好几位理事都谈到初心，作为发起人之一的周庆治也决定就此回应。"我们这里来了好多新的伙伴，对南都基金会发起的初衷可能不是特别了解，"周庆治说，"实际上，永光在不同的场合已经说过，我们两个原来都是在政府部门、党政部门待过一段时间，后来我跟他都出来了，他走了第三部门（的路），我去了第二部门。若干年以后，我们又碰到一起，感觉应该做点什么事情。"

"当时我们的判断是，我们整个国家处于一个大的转型时代，政治体制、经济体制和社会体制都面临变化和转型，在这样一个过程里面，我们相信光靠第一部门，或者光靠第二部门、第三部门，都解决不了这么多重大的社会问题。没有强大的第三部门，这个社会是不完整的。原来我们可以说是第一部门包揽一切，改革开放以后，总算把第二部门发育起来了。虽然我们的商业机构也受很大影响，但不管怎么样，它还是发育起来了。但是我们缺乏强大的第三部门，没有强大的第三部门，我们整个社会的现代化转型是很难实现的，所以我们当时想我们还是要支持大量的民间草根组织、NGO 的发育，促成第三部门的发育，促进民间社会的发展，这就是我们的初衷。"

"南都基金会没有我或者永光，以及任何个人的利益诉求，也没有南都集团任何的利益诉求，我们想无私地去促进第三部门的发育，这就是我们的使命，就是我们的宗旨。所以任何对这个行业有利的事情，我们都要支持。"

周庆治又细数了南都创立后为什么会资助创办基金会中心网、非公募基金会发展论坛、恩派公益、公益筹款人联盟、社会企业与影响力投资论坛等一系列对行业发展有重大意义的基础设施建设，为什么从新公民计划转向银杏计划和景行计划，为什么要创办中国好公益平台来推动社会问题的规模化解决方案。

虽然公益与商业的问题尚未厘清，但他认为"这个问题不要紧，理论的概括可能迟一点，实践跑到前面很正常，我们可以不断探索，我们不能完全把所有东西设计好了，我们才开始跑。我们不断地前进，不断地迭代，不行我们就纠正，要颠覆重来都可以"。

　　在周庆治看来，"很多东西都在变化之中，但是我们想，推动公益行业的发展，这样的使命，用公益的方法来解决中国未来转型过程中遭遇的各种各样的社会问题，这样的一种使命，我想，我们不应该变化"。

─── ※ **理论映照** ※ ───

这些日子大家都纷纷在谈论领导能力，这确实是个十分迫切的问题，然而在讨论领导能力之前，实际上我们应该首先确立使命。非营利组织是为其使命存在的，它们的存在是为了改善社会和我们每个人的生活。它们为其使命存在，这一点必须铭记在心。而领导者的首要任务则是确保每个人能够看见使命、听见使命并使之体现在组织的日常经营活动中。如果你看不见使命，前途就会充满坎坷，而且这是立竿见影的。然而，我们需要进行统筹考虑，也需要适时对使命进行调整变革。

彼得·德鲁克：我屡屡听到一些非营利组织的职业领导者说，"别把这件事提交理事会决议，它太有争议了"。您也听到过这样的话，是吧？我总是认为首席执行官们需要认识到：正是因为某个问题极具争议，才恰恰应提交理事会决议——而且是越快越好。我说的对吗？

大卫·哈伯特：德鲁克，您说到点子上了。首先，我们应该把坏消息及时告诉理事会；其次，我们应该把坏消息说得严重一点，而把好消息说得保守一点，以抑制我们对理事会的不诚实倾向。这种倾向几乎是无意识的，因为我们只是想着对理事会要多报喜少报忧，这恰恰是错误的。逃避争议或对困难轻描淡写，用不真实的报告——与计划方案的执行效果、财务状况的稳定性或其他的实际情况都不相符——来蒙蔽人们，实在是一种糟糕的领导方式。

——摘自彼得·德鲁克，《非营利组织的管理》

附录1　南都基金会历届理事会成员及秘书处负责人名录*

第一届（2007.5~2011.6）

理事：程玉、黄传会、何伟（理事长 2007.5~2010.12）、康晓光、林旦、王海光、徐永光（理事长 2010.12~2011.6）、杨晓光、杨岳、赵亦斓、周庆治（名誉会长）

监事：白岩松、陆建桥、朱卫国

秘书长：徐永光 / 程玉

副秘书长：程玉、刘洲鸿

第二届（2011.6~2015.6）

理事：陈博、程玉、黄传会、何伟、康晓光、林旦、刘忠祥、刘洲鸿、王海光、徐永光（理事长）、杨懿梅、赵亦斓、周庆治（名誉会长）

监事：何进、陆建桥、朱卫国

---

*　理事会成员按姓氏拼音首字母排序；秘书处负责人按任命时间先后排序。

秘书长：程玉／刘洲鸿

副秘书长：刘洲鸿、彭艳妮

第三届（2015.6~2019.8）

理事：陈博、程玉、何伟、康晓光、彭艳妮、王海光、徐永光（理事长）、杨懿梅、赵亦斓、周庆治（名誉会长）

监事：何进、马庆钰、肖微

秘书长：程玉／彭艳妮

副秘书长：彭艳妮、宋波

第四届（2019.8~）

理事：程玉、何伟（理事长）、李小云、彭艳妮、王海光、杨懿梅、周庆治（名誉理事长）

监事：何进、肖微

名誉理事长：徐永光

秘书长：彭艳妮

副秘书长：赖佐夫

附录 2　南都基金会理事会、专门委员会、秘书处构架图及职能介绍

健全法人治理结构，不断提高治理水平，引领机构实现使命

· 理事会由出资人、公益行业专家、学者、咨询
  公司专业人士、秘书处代表组成，具有代表性
  和多样性

· 监事由律师和公益专家组成，确保独立性

· 依据章程，建立和执行理事会工作制度和
  监事工作制度

· 理事会与秘书处之间的良性互动工作机制：

  ➢ 年度工作计划和预算审批机制

  ➢ 年度工作报告制度

  ➢ 理事会对秘书处的问责和考评机制

  ➢ 重大事项报告制度

  ➢ 基金会内部制度的审批权限实行分层管理

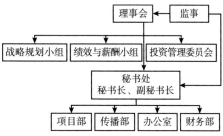

附录 3　南都公益基金会理事会工作制度

南都公益基金会理事会工作制度

南都公益基金会第三届理事会第三次会议通过
（2016 年 2 月 27 日北京）

目　录

214

第一章　总　则

第一条　为规范南都公益基金会理事会的组建方式、决策程序和管理行为，保证理事会依法行使职权、履行职责，依据《基金会管理条例》等法律法规和《南都公益基金会章程》，制定本制度。

第二条　理事会是基金会的最高决策机构，依法行使章程规定的职权，保障基金会的健康发展。

第二章　理事会组成

第三条　本基金会由 5~25 名理事组成理事会。

本基金会理事每届任期为 4 年，任期届满，连选可以连任。

第四条　理事的资格：

（一）捐赠人、发起人和业务主管单位代表；

（二）公益慈善、法律、文化等方面的专家、学者和重要非营利组织领导人；

（三）具有广泛社会影响和良好公众形象的社会人士。

第五条　理事的产生和罢免：

（一）第一届理事由主要捐赠人、发起人和业务主管单位分别提名并共同协商确定；

（二）理事会换届改选时，由理事会提名新一届理事候选人，与业务主管单位协商并经其同意后组成；

（三）具有近亲属关系的基金会理事，总数不得超过理事总人数的 1/3；

（四）在本基金会领取报酬的理事不得超过理事总人数的 1/3，领取报酬的理事应专职从事基金会的工作；

（五）罢免、增补理事应当经理事会表决通过，报业务主管单位备案；

（六）理事的选举和罢免结果报登记管理机关备案。

第三章　理事会职责、职权

第六条　理事会行使下列职责、职权：

（一）制定、修改章程；

（二）选举、罢免理事长、副理事长、秘书长；

（三）决定重大业务活动计划，包括资金的募集、管理和使用计划；

（四）审定大额资助项目；

（五）年度收支预算及决算审定；

（六）制定内部管理制度；

（七）决定设立办事机构、分支机构、代表机构；

（八）决定由秘书长提名的副秘书长和其他高级管理人员的聘任；

（九）听取、审议秘书长的工作报告，检查秘书长的工作；

（十）保证机构行为符合法律法规和道德规范，具有透明度和公信力，避免理事与本基金会发生利益冲突；

（十一）发展良好的公共关系，建立持续稳定的资源网络，保证机构有足够的资源实现战略目标和财务目标；

（十二）决定基金会的分立、合并或终止；

（十三）决定其他重大事项。

第四章 理事及理事长职责、职权

第七条 理事行使下列职权：

（一）在理事会会议上充分发表意见，对表决事项行使表决权；

（二）理事有权查阅理事会记录和基金会财务会计报告，提出质询并要求说明；

（三）理事有权调阅本基金会档案、文件或约见本基金会工作人员了解情况，查询或调查本基金会的专项工作；

（四）理事有向理事长提出召开临时会议或特别会议的建议权。

第八条 理事应履行下列职责：

（一）理事应当遵守《南都公益基金会章程》，遵从理事会做出的决定，忠实履行职责，维护本基金会及其理事会的利益，不得利用在本基金会的职权为自己谋取私利，不得侵占、挪用本基金会财产，不得从事损害本基金会利益的活动；

（二）理事负有按规定不泄露本基金会秘密的义务，在未获得授权的情况下，不能代表理事会和本基金会发言；

（三）积极参加理事会议并参与理事会的其他各项活动；每年至少参与 2 次基金会组织的资助项目考察、监督和检查验收活动，增进对基金会工作的了解；

（四）理事应当仔细审读本基金会的财务报告，谨慎决策资金控制和运作，积极为基金会的发展提出意见和建议；

（五）理事应掌握本基金会的竞争优势、劣势和需求，有义务拓展资源网络，动员社会力量，为本基金会及其各项事业的持续发展提供支持；

（六）理事应当支持秘书处工作，建设良性互动关系，正常情况下不干预秘书处职责范围内的工作；

（七）推荐理事和监事；

（八）承担力所能及的理事会下属各专业小组的工作。

第九条　理事长行使下列职权：

（一）召集和主持理事会会议；

（二）检查理事会决议的落实情况；

（三）指导编制本基金会的发展战略、中长期发展规划；

（四）代表本基金会签署重要文件；

（五）理事会授予或《南都公益基金会章程》规定的其他职权。

理事长可根据需要，授予秘书长行使有关职权。

第十条　理事长应履行下列职责：

（一）严格执行理事会的决议，定期向理事会报告工作；

（二）遵守《南都公益基金会章程》，忠实履行职务；

（三）组织研究本基金会经营目标、方针和发展战略；

（四）按照决策权限和程序，做到民主决策和科学决策；

（五）自觉接受理事会的监督；

（六）履行《南都公益基金会章程》规定的其他责任和义务。

第五章　理事会机构

第十一条　理事会设立常务理事会、投资管理委员会和专业小组。常务理事会、投资管理委员会和专业小组的设立与调整由理事长提议，理事会会议决定。

（一）理事会设立常务理事会。常务理事会负责理事会的日常工作，包括筹备理事会会议，确定会议程序和议题；编制并执行理事会工作预算；落实新理事的聘请工作；组织理事会的自我评估工作；执行其他由理事会确定的任务。在理事会闭会期间，常务理事会经理事长同意，可处理紧急事务，并及时向理事其他成员通报。

（二）理事会设立投资管理委员会。投资管理委员会负责基金投资的评估、在授权范围内的投资决策和所有投资项目的管理。委员会可吸收非理事专家参加。

（三）理事会可根据需要设立若干专业小组。各专业小组分别设召集人 1 名。专业小组作为理事会的内部分工组织，负责对某些专门事项进行调查研究，形成议案，作为理事会决策的依据。专业小组向理事会负责，没有决策权。专业小组需要时可吸收非理事专家和本基金会高级管理人员参加。

第十二条　理事会设名誉理事和名誉会长。

（一）理事会可根据需要，聘请若干名对机构事业给予长期支持和做出重大贡献的海内外人士为名誉理事。理事会支持名誉理事参与机构活动，鼓励其对机构提出建设性的意见和建议，提倡其为本基金会及其各项事业的持续发展提供资源支持。名誉理事由当届理事会聘请。

（二）理事会设名誉会长，名誉会长由基金会的主要出资人担任，为永久性名誉职务。

第十三条 理事会设理事长、副理事长和秘书长，从理事中选举产生。

第十四条 本基金会理事长、副理事长、秘书长必须符合以下条件：

（一）为出资人或在基金会业务领域内有较大影响；

（二）理事长、副理事长、秘书长最高任职年龄不超过70周岁，秘书长为专职；

（三）身体健康，能坚持正常工作；

（四）具有完全民事行为能力。

第十五条 有下列情形之一的人员，不能担任本基金会的理事长、副理事长、秘书长：

（一）属于现职国家工作人员的；

（二）因犯罪被判处管制、拘役或者有期徒刑，刑期执行完毕之日起未逾5年的；

（三）因犯罪被判处剥夺政治权利正在执行期间或者曾经被判处剥夺政治权利的；

（四）曾在因违法被撤销登记的基金会担任理事长、副理事长或者秘书长，且对该基金会的违法行为负有个人责任，自该基金会被撤销之日起未逾 5 年的。

第十六条　担任本基金会理事长、副理事长或者秘书长的香港居民、澳门居民、台湾居民以及外国人，每年在中国内地居留时间不得少于 3 个月。

第十七条　本基金会的理事长、副理事长、秘书长每届任期 4 年，连任不超过两届。因特殊情况需超届连任的，须经理事会特殊程序表决通过，报业务主管单位审查并经登记管理机关批准同意后，方可任职。

第十八条　本基金会理事长为基金会法定代表人。本基金会法定代表人不兼任其他组织的法定代表人。

本基金会法定代表人应当由中国内地居民担任。

本基金会法定代表人在任期间，基金会发生违反《基金会管理条例》和《南都公益基金会章程》的行为，法定代表人应当承担相关责任。

第十九条　本基金会副理事长、秘书长在理事长领导下开展工作，秘书长行使下列职权：

（一）主持开展日常工作，组织实施理事会决议；

（二）组织实施基金会年度公益活动计划；

（三）拟订资金的筹集、管理和使用计划；

（四）拟订基金会的内部管理规章制度，报理事会审批；

（五）协调各内设机构开展工作；

（六）提议聘任或解聘副秘书长，由理事会决定；

（七）聘任或解聘各内设机构主要负责人及其他工作人员；

（八）负责与理事沟通，与理事长配合，实现机构信息共享，为理事会决策提供支持；

（九）定期向理事会报告年度工作进展和财务计划的执行情况，以及为实施战略计划所采取的长期行动的进展情况，接受理事会和监事的监督和检查；

（十）章程和理事会赋予的其他职权。

第六章　理事会会议

第二十条　理事会每年至少召开 2 次会议。理事会会议由理事长负责召集和主持。

有 1/3 理事提议，必须召开理事会会议。如理事长不能召集，提议理事可推选召集人。

召开理事会会议，理事长或召集人需提前 5 日通知全体理事、监事。

第二十一条　理事会会议须有 2/3 以上理事出席方能召开；理事会决议须经出席理事过半数通过方为有效。

下列重要事项的决议，须经出席理事表决，2/3 以上通过方为有效：

（一）章程的修改；

（二）选举或者罢免理事长、副理事长、秘书长；

（三）章程规定的重大募捐、投资活动；

（四）基金会的分立、合并。

第二十二条 理事会会议应当制作会议记录。形成决议的，应当当场制作会议纪要，并由出席理事审阅、签名。理事会决议违反法律、法规或章程规定，致使基金会遭受损失的，参与决议的理事应承担相应的赔偿责任。但经证明在表决时反对并记载于会议记录的，该理事可免除责任。

第二十三条 本基金会理事遇有个人利益与基金会利益关联时，不得参与相关事宜的决策。

第七章　理事会议案及决议执行

第二十四条 各理事会成员、专业小组、投资管理委员会提出议案，理事会会议议定。

第二十五条 向理事会递交议案（草案）时，应一并提交该议案（草案）的说明文件、可行性分析报告、论证依据等材料。

第二十六条 理事会议案材料一般应在理事会会议召开前 7 天或临时理事会会议召开前 3 天，以书面方式递交常务理事会。

第二十七条 常务理事会对理事会议案（草案）收集整理后，由理事长或专业小组召集人决定是否作为理事会正式议案。

第二十八条 理事会所决定的事项经理事会会议通过后，应形成理事会决议，并以文件下发执行。

第二十九条 理事会的决议执行，由理事长或各专业小组负责人组织实施，并定期向理事会报告。

第八章　理事会经费

第三十条　理事会工作经费从基金会行政办公支出中列支。

第三十一条　理事会、理事履行职责所发生的办公费、调研费、差旅费，经理事长签字后，在理事会经费中开支。

第九章　附则

第三十二条　本制度未尽事宜，依据《基金会管理条例》和《南都公益基金会章程》的规定办理。

后记 使命是个好东西

2006 年，时任中共中央编译局副局长的俞可平先生发表了一篇被海内外高度关注的重要文章《民主是个好东西》。我想借用一下，来总结自己对南都基金会治理的观察感受：使命是个好东西。

如果一定要用一句话来简单粗暴地总结南都基金会的治理经验，或许应该是——准确定义并严格践行机构使命。战略规划就是在践行使命的过程中思考"做什么、不做什么"，这背后可能关乎难度，关乎人事，关乎资源，关乎环境，但最重要的，应该关乎使命。

回顾南都的发展历程和几次战略规划不难发现，南都对"新公民计划"的忍痛割爱，对"银杏计划"的无私放飞，对"好公益平台"的放手一搏，每次帮助理事会做出判断和决策的终极依据，其实就是基金会的使命。也就是说，使命必须被使用。而所谓战略规划，其实就是可执行的使命。

使命是个好东西。它可以指引方向，可以辅助决策，可以化解分歧，可以凝聚人心。每个公益机构在成立之时都会确立自己的使命，

但我们是否能够经常反问自己：我们是否在践行自己的使命？以及更
重要的，是否在正确地践行自己的使命？

　　定义和践行使命，对于每一个公益机构都应当是一件严肃、严谨
的事情。每个机构的使命都可以是独特的，但一个个独特的机构使命
背后，应该有一个更宏大的第三部门的使命。有学者曾提出过，"如
果说西方第三部门的意义不限于一般的慈善与公益，它还意味着对公
民权利与公民义务的新的理解，那么中国第三部门发展的意义就更是
如此，因为它实际上要从争取最起码的公民参与空间做起。在某种意
义上，西方第三部门所从事的是一项宏大的实验，成功了西方的'后
现代'文明可以更上一层楼，即或不幸流为'有益无害的乌托邦'，
也不会影响西方民间社会已取得的基本成就。而中国的第三部门则背
负着沉重的使命，它实际上与另两个'部门'的现代化，即民主政治
与市场经济的建设同命运"。

　　当我们谈到近年来中国公益行业的变化，往往会说到互联网公益
的普及带动了公众捐赠热情日渐高涨，新技术迭出和跨界合作推动着
公益创新不断涌现，社会企业、影响力投资等新理念也推动着公益生
态更加多元，不一而足；也往往会说到"官办慈善"格局似乎没有显
著改观，作为增量改革成果的非公募基金会似乎没能发挥"鲶鱼效
应"带动存量改革，公益慈善组织登记注册的"春天"也似乎没有随
着《慈善法》的出台而提早到来……在我们从不同的视角拼凑出这个
喜忧参半的行业现状时，似乎很少有人从"治理"的视角——不管是

行业治理，还是机构治理——来审视中国公益行业的变化。

当我们面对这个日新月异的外部世界时，很多变化可能让我们眼花缭乱，很多问题都变得更加错综复杂，一时难以找到答案。可是不管外部环境如何变化，我们能否反观自己的内心，审视机构的内部，修炼治理的内功？毕竟，我们回应外界挑战最有力的武器，恐怕就是我们内心的使命。唯其如此，才能以不变应万变——以不变的使命应对万变的环境。

正如程玉理事在反思"新公民计划"的邮件中所说："我们在'新公民'领域作为操盘手的经历或许是显得有几分狼狈，却为这个机构成为一个当今中国所欠缺的好的资助型基金会打了很重要的底色，我们的经历使得我们不具有大善人赐福于可怜人的沾沾自喜，而是愿意从贴近底层人需求的视野，虚心地做事，因为民间立场在我们的基因里，草根情怀在我们的早期经历里。"

如果读者能够从南都基金会的治理故事中，感受到一份使命感，并愿意带着这个好东西去探索日后的第三部门之旅，那将是我们作为作者莫大的荣幸。

需要说明的是，本书的采访和素材搜集工作截至 2018 年底，但由于笔力不逮，而且我和英男均用工作之外的时间写作，所以直到 2020 年我们才完成书稿。虽然有了一手的采访，但每当独坐桌前，面对动辄数万字的会议速记稿和数十页的 PPT 文件，还要抽丝剥茧地提炼、总结、核实、印证，如果不是有英男一直陪伴和鼓励，很难想象自己能坚持下来。我们也一度想过放弃，主要是不想让素材浪费在我们手里。但南都还是给予了莫大的信任和包容，让我们有充足的时间继续思考和写作，也让我们不能草率作结，于是我们又在写作上花了更多的时间。其间虽几易其稿，仍不尽如人意，所以还望读者见谅，方家指正。

还需要说明，我从一些前辈的著述中受益良多，但本书在引用一些学者的观点时最终未能详列其名，这一点实非我们所愿，在此怀着无比惭愧的心情向前辈致歉。

感谢接受我们采访的每一位南都基金会理事和监事，谢谢你们在接受访谈时的开诚布公，更要谢谢你们为探索民间组织有效治理而做出的努力。同时也要感谢在本书写作过程中提供了大量帮助的南都基金会秘书处各位同仁，尤其是副秘书长赖佐夫先生，他不得不经常在非工作时间应对我和英男的"骚扰"，帮我们查找各种资料。还要感谢我们共同的朋友张木兰，她作为第一个读者提出了很多宝贵的修改建议。

希望与南都，以及更多的公益同仁，为"社会公平正义，人人怀有希望"的美好愿景而共同奋斗。

李光

2022 年 6 月 28 日于北京

图书在版编目（CIP）数据

使命与治理：一家基金会理事会的故事／李光，黄
英男著. -- 北京：社会科学文献出版社，2022.9（2023.1 重印）
ISBN 978 - 7 - 5228 - 0642 - 6

Ⅰ.①使… Ⅱ.①李…②黄… Ⅲ.①慈善事业 - 基
金会 - 研究 - 中国 Ⅳ.①D632.1

中国版本图书馆 CIP 数据核字（2022）第 160191 号

使命与治理
—— 一家基金会理事会的故事

著 者 / 李 光 黄英男

出 版 人 / 王利民
责任编辑 / 孙 瑜 佟英磊
责任印制 / 王京美

出 版 / 社会科学文献出版社 · 群学出版分社（010）59366453
地址：北京市北三环中路甲29号院华龙大厦 邮编：100029
网址：www. ssap. com. cn
发 行 / 社会科学文献出版社（010）59367028
印 装 / 唐山玺诚印务有限公司

规 格 / 开 本：787mm × 1092mm 1/16
印 张：15.75 字 数：157 千字
版 次 / 2022 年 9 月第 1 版 2023 年 1 月第 2 次印刷
书 号 / ISBN 978 - 7 - 5228 - 0642 - 6
定 价 / 78.00 元

读者服务电话：4008918866